# PREFAZIONE

La raccolta di frasari da viaggio "Andrà tutto bene!" pubblicati da T&P Books è destinata a coloro che viaggiano all'estero per turismo e per motivi professionali. I frasari contengono ciò che conta di più - gli elementi essenziali per la comunicazione di base. Questa è un'indispensabile serie di frasi utili per "sopravvivere" durante i soggiorni all'estero.

Questo frasario potrà esservi di aiuto nella maggior parte dei casi in cui dovrete chiedere informazioni, ottenere indicazioni stradali, domandare quanto costa qualcosa, ecc. Risulterà molto utile per risolvere situazioni dove la comunicazione è difficile e i gesti non possono aiutarci.

Questo libro contiene molte frasi che sono state raggruppate a seconda degli argomenti più importanti. Inoltre, troverete un mini dizionario con i vocaboli più utili - i numeri, le ore, il calendario, i colori ...

Durante i vostri viaggi portate con voi il frasario "Andrà tutto bene!" e disporrete di un insostituibile compagno di viaggio che vi aiuterà nei momenti di difficoltà e vi insegnerà a non avere paura di parlare in un'altra lingua straniera.

# INDICE

T&P Books Publishing

T&P Books Publishing

# FRASARIO

## — RUSSO —

## I TERMINI E LE ESPRESSIONI PIÙ UTILI

Questo frasario contiene
espressioni e domande
di uso comune che
risulteranno utili
per intraprendere
conversazioni di base
con gli stranieri

Andrey Taranov

T&P BOOKS

**Frasario + dizionario da 250 vocaboli**

# Frasario Italiano-Russo e mini dizionario da 250 vocaboli

Di Andrey Taranov

La raccolta di frasari da viaggio "Andrà tutto bene!" pubblicati da T&P Books è destinata a coloro che viaggiano all'estero per turismo e per motivi professionali. I frasari contengono ciò che conta di più - gli elementi essenziali per la comunicazione di base. Questa è un'indispensabile serie di frasi utili per "sopravvivere" durante i soggiorni all'estero.

In aggiunta troverete un mini dizionario con 250 vocaboli che risulteranno utili nelle conversazioni di tutti i giorni - i nomi dei mesi e dei giorni della settimana, le unità di misura, i membri della famiglia e molto altro.

T&P Books Publishing
www.tpbooks.com

ISBN: 978-1-78492-670-0

Questo libro è disponibile anche in formato e-book.
Visitate il sito www.tpbooks.com o le principali librerie online.

# PRONUNCIA

| Lettera | Esempio russo | Alfabeto fonetico T&P | Esempio italiano |
|---------|---------------|------------------------|-------------------|
| А, а [1] | трава | [a]; [ɑ], [ə] | vantarsi; soldato |
| Е, е | перерыв | [e] | meno, leggere |
| Ё, ё | ёлка | [jɔ:], [ɜ:] | New York |
| И, и | филин | [i], [i:] | vittoria |
| О, о [2] | корова | [o]; [ɑ], [ə] | notte; soldato |
| У, у | Тулуза | [u], [u:] | prugno |
| Э, э | эволюция | [ɛ] | centro |
| Ю, ю | трюм | [ju], [ju:] | aiuto |
| Я, я | яблоко | [ja:] | piazza |
| | | | |
| Б, б | баобаб | [b] | bianco |
| В, в | врач, вино | [v] | volare |
| Г, г | глагол | [g] | guerriero |
| Д, д | дом, труд | [d] | doccia |
| Ж, ж | живот | [ʒ] | beige |
| З, з | зоопарк | [z] | rosa |
| | | | |
| Й, й | йога | [j] | New York |
| ой | стройка | [ɔi] | vassoio |
| ай | край | [aj] | marinaio |
| | | | |
| К, к | кино, сок | [k] | cometa |
| Л, л | лопата | [l] | saluto |
| М, м | март, сом | [m] | mostra |
| Н, н | небо | [n] | notte |
| П, п | папа | [p] | pieno |
| Р, р | урок, робот | [r] | ritmo, raro |
| С, с | собака | [s] | sapere |
| Т, т | ток, стая | [t] | tattica |
| | | | |
| Ф, ф | фарфор | [f] | ferrovia |
| Х, х | хобот, страх | [h] | [h] aspirate |
| Ц, ц | цапля | [ts] | calzini |
| Ч, ч | чемодан | [tʃ] | cinque |
| Ш, ш | шум, шашки | [ʃ] | ruscello |
| Щ, щ | щенок | [ɕ] | fasciatura |
| Ы, ы | рыба | [ɪ] | tattica |

| Lettera | Esempio russo | Alfabeto fonetico T&P | Esempio italiano |
|---------|---------------|------------------------|------------------|
| Ь, ь | дверь | [ʲ] | Jer molle |
| нь | конь | [ɲ] | stagno |
| ль | соль | [ʎ] | milione |
| ть | статья | [t] | utilità |
| Ъ, ъ | подъезд | [ˮ] | Jer dura |

# Note di commento

[1]  [a] tonica, [ɑ], [ə] altrove
[2]  [o] tonica, [ɑ], [ə] altrove

# LISTA DELLE ABBREVIAZIONI

## Italiano. Abbreviazioni

| | | |
|---|---|---|
| agg | - | aggettivo |
| anim. | - | animato |
| avv | - | avverbio |
| cong | - | congiunzione |
| ecc. | - | eccetera |
| f | - | sostantivo femminile |
| f pl | - | femminile plurale |
| fem. | - | femminile |
| form. | - | formale |
| inanim. | - | inanimato |
| inform. | - | familiare |
| m | - | sostantivo maschile |
| m pl | - | maschile plurale |
| m, f | - | maschile, femminile |
| masc. | - | maschile |
| mil. | - | militare |
| pl | - | plurale |
| pron | - | pronome |
| qc | - | qualcosa |
| qn | - | qualcuno |
| sing. | - | singolare |
| v aus | - | verbo ausiliare |
| vi | - | verbo intransitivo |
| vi, vt | - | verbo intransitivo, transitivo |
| vr | - | verbo riflessivo |
| vt | - | verbo transitivo |

## Russo. Abbreviazioni

| | | |
|---|---|---|
| ж | - | sostantivo femminile |
| ж мн | - | femminile plurale |
| м | - | sostantivo maschile |
| м мн | - | maschile plurale |
| м, ж | - | maschile, femminile |

| мн | - | plurale |
| с | - | neutro |
| с мн | - | plurale neutro |

# FRASARIO RUSSO

Questa sezione contiene frasi importanti che potranno rivelarsi utili in varie situazioni di vita quotidiana. Il frasario vi sarà di aiuto per chiedere indicazioni, chiarire il prezzo di qualcosa, comprare dei biglietti e ordinare pietanze in un ristorante

T&P Books Publishing

# INDICE DEL FRASARIO

T&P Books Publishing

Mi scusi, ...

**Извините, ...**
izwi'nite, ...

Buongiorno.

**Здравствуйте.**
'zdrastvʊjte

Grazie.

**Спасибо.**
spa'sibə

Arrivederci.

**До свидания.**
da swi'danija

Sì.

**Да.**
da

No.

**Нет.**
net

Non lo so.

**Я не знаю.**
ja ne 'znaʲʉ

Dove? | Dove? (~ stai andando?) |
Quando?

**Где? | Куда? | Когда?**
gde? | kʊ'da? | kag'da?

Ho bisogno di ...

**Мне нужен ...**
mne 'nʊʒən ...

Voglio ...

**Я хочу ...**
ja ha'ʧu ...

Avete ...?

**У вас есть ...?**
u vas estʲ ...?

C'è un /una/ ... qui?

**Здесь есть ...?**
zdesʲ estʲ ...?

Posso ...?

**Я могу ...?**
ja ma'gʊ ...?

per favore

**пожалуйста**
pa'ʒaləstə

Sto cercando ...

**Я ищу ...**
ja i'ɕu ...

il bagno

**туалет**
tʊa'let

un bancomat

**банкомат**
banka'mat

una farmacia

**аптеку**
ap'tekʊ

un ospedale

**больницу**
balʲ'niʦu

la stazione di polizia

**полицейский участок**
pali'ʦɛjskij u'ʧastək

la metro

**метро**
met'rɔ

| | |
|---|---|
| un taxi | **такси**<br>tak'si |
| la stazione (ferroviaria) | **вокзал**<br>vak'zal |

| | |
|---|---|
| Mi chiamo ... | **Меня зовут ...**<br>mi'ɲa za'vʊt ... |
| Come si chiama? | **Как вас зовут?**<br>kak vas za'vʊt? |
| Mi può aiutare, per favore? | **Помогите мне, пожалуйста.**<br>pama'gite mne, pa'ʒaləstə |
| Ho un problema. | **У меня проблема.**<br>u me'ɲa prab'lema |
| Mi sento male. | **Мне плохо.**<br>mne 'ploha |
| Chiamate l'ambulanza! | **Вызовите скорую!**<br>vɪzawite 'skorʊʲʉ! |
| Posso fare una telefonata? | **Могу я позвонить?**<br>ma'gʊ ja pazva'nitʲ? |

| | |
|---|---|
| Mi dispiace. | **Извините.**<br>izwi'nite |
| Prego. | **Пожалуйста.**<br>pa'ʒaləstə |

| | |
|---|---|
| io | **я**<br>ja |
| tu | **ты**<br>tɪ |
| lui | **он**<br>ɔn |
| lei | **она**<br>a'na |
| loro (m) | **они**<br>a'ni |
| loro (f) | **они**<br>a'ni |
| noi | **мы**<br>mɪ |
| voi | **вы**<br>vɪ |
| Lei | **Вы**<br>vɪ |

| | |
|---|---|
| ENTRATA | **ВХОД**<br>vhɔt |
| USCITA | **ВЫХОД**<br>'vɪhət |
| FUORI SERVIZIO | **НЕ РАБОТАЕТ**<br>ne ra'botaet |
| CHIUSO | **ЗАКРЫТО**<br>zak'rɪtə |

| | |
|---|---|
| APERTO | **ОТКРЫТО** |
| | atk'rɪtə |
| DONNE | **ДЛЯ ЖЕНЩИН** |
| | dʎa 'ʒɛnɕin |
| UOMINI | **ДЛЯ МУЖЧИН** |
| | dʎa mʊ'ɕin |

# Domande

| | |
|---|---|
| Dove? | **Где?**<br>gde? |
| Dove? (~ stai andando?) | **Куда?**<br>kʊ'da? |
| Da dove? | **Откуда?**<br>at'kʊda? |
| Perchè? | **Почему?**<br>patʃe'mʊ? |
| Per quale motivo? | **Зачем?**<br>za'tʃem? |
| Quando? | **Когда?**<br>kag'da? |
| Per quanto tempo? | **Как долго?**<br>kak 'dɔlga? |
| A che ora? | **Во сколько?**<br>va 'skɔlʲkə? |
| Quanto? | **Сколько стоит?**<br>'skɔlʲkə 'stɔit? |
| Avete ...? | **У вас есть ...?**<br>u vas estʲ ...? |
| Dov'e ...? | **Где находится ...?**<br>gde na'hoditsa ...? |
| Che ore sono? | **Который час?**<br>ka'tɔrɪj tʃas? |
| Posso fare una telefonata? | **Могу я позвонить?**<br>ma'gʊ ja pazva'nitʲ? |
| Chi è? | **Кто там?**<br>ktɔ tam? |
| Si può fumare qui? | **Могу я здесь курить?**<br>ma'gʊ ja zdesʲ kʊ'ritʲ? |
| Posso ...? | **Я могу ...?**<br>ja ma'gʊ ...? |

## Necessità

| | |
|---|---|
| Vorrei … | **Я бы хотел /хотела/ …**<br>ja bı ha'tel /ha'tela/ … |
| Non voglio … | **Я не хочу …**<br>ja ne ha'ʧu … |
| Ho sete. | **Я хочу пить.**<br>ja ha'ʧu pitʲ |
| Ho sonno. | **Я хочу спать.**<br>ja ha'ʧu spatʲ |
| Voglio … | **Я хочу …**<br>ja ha'ʧu … |
| lavarmi | **умыться**<br>u'mıʦa |
| lavare i denti | **почистить зубы**<br>pa'ʧistitʲ 'zubı |
| riposae un po' | **немного отдохнуть**<br>nem'nɔgə atdah'nʊtʲ |
| cambiare i vestiti | **переодеться**<br>perea'deʦa |
| tornare in albergo | **вернуться в гостиницу**<br>wer'nʊʦa v gas'tiniʦu |
| comprare … | **купить …**<br>kʊ'pitʲ … |
| andare a … | **съездить в …**<br>sʰ'ezditʲ v … |
| visitare … | **посетить …**<br>pasi'titʲ … |
| incontrare … | **встретиться с …**<br>vstr'etiʦa s … |
| fare una telefonata | **позвонить**<br>pazva'nitʲ |
| Sono stanco. | **Я устал /устала/.**<br>ja us'tal /us'tala/ |
| Siamo stanchi. | **Мы устали.**<br>mı us'tali |
| Ho freddo. | **Мне холодно.**<br>mne 'hɔladnə |
| Ho caldo. | **Мне жарко.**<br>mne 'ʒarkə |
| Sto bene. | **Мне нормально.**<br>mne nar'malʲnə |

Devo fare una telefonata. **Мне надо позвонить.**
mne 'nada pazva'nit'

Devo andare in bagno. **Мне надо в туалет.**
mne 'nada v tua'let

Devo andare. **Мне пора.**
mne pa'ra

Devo andare adesso. **Мне надо идти.**
mne 'nada it'ti

## Come chiedere indicazioni

| | |
|---|---|
| Mi scusi, ... | **Извините, ...**<br>izwi'nite, ... |
| Dove si trova ...? | **Где находится ...?**<br>gde na'hoditsa ...? |
| Da che parte è ...? | **В каком направлении находится ...?**<br>v ka'kɔm naprav'lenii na'hoditsa ...? |
| Mi può aiutare, per favore? | **Помогите мне, пожалуйста.**<br>pama'gite mne, pa'ʒaləstə |
| Sto cercando ... | **Я ищу ...**<br>ja i'ɕu ... |
| Sto cercando l'uscita. | **Я ищу выход.**<br>ja i'ɕu 'vɪhət |
| Sto andando a ... | **Я еду в ...**<br>ja 'edʊ v ... |
| Sto andando nella direzione giusta per ...? | **Я правильно иду ...?**<br>ja 'prawilʲnə i'dʊ ...? |
| E' lontano? | **Это далеко?**<br>'ɛtə dale'kɔ? |
| Posso andarci a piedi? | **Я дойду туда пешком?**<br>ja daj'dʊ tʊ'da peʃ'kɔm? |
| Può mostrarmi sulla piantina? | **Покажите мне на карте, пожалуйста.**<br>paka'ʒite mne na 'karte, pa'ʒaləstə |
| Può mostrarmi dove ci troviamo adesso. | **Покажите, где мы сейчас.**<br>paka'ʒite, gde mɪ se'tʃas |
| Qui | **Здесь**<br>zdesʲ |
| Là | **Там**<br>tam |
| Da questa parte | **Сюда**<br>sʲʊ'da |
| Giri a destra. | **Поверните направо.**<br>pawer'nite nap'ravə |
| Giri a sinistra. | **Поверните налево.**<br>pawer'nite na'levə |
| La prima (la seconda, la terza) strada | **первый (второй, третий) поворот**<br>'pervɪj (vta'rɔj, 'tretij) pava'rɔt |

a destra

**направо**
nap'ravə

a sinistra

**налево**
na'levə

Vada sempre dritto.

**Идите прямо.**
i'dite 'prʲamə

## Segnaletica

| | |
|---|---|
| BENVENUTO! | **ДОБРО ПОЖАЛОВАТЬ!**<br>dab'rɔ pa'ʒalavətʲ! |
| ENTRATA | **ВХОД**<br>vhɔt |
| USCITA | **ВЫХОД**<br>'vɪhət |

| | |
|---|---|
| SPINGERE | **ОТ СЕБЯ**<br>at se'bʲa |
| TIRARE | **НА СЕБЯ**<br>na se'bʲa |
| APERTO | **ОТКРЫТО**<br>atk'rɪtə |
| CHIUSO | **ЗАКРЫТО**<br>zak'rɪtə |

| | |
|---|---|
| DONNE | **ДЛЯ ЖЕНЩИН**<br>dʎa 'ʒɛnɕin |
| UOMINI | **ДЛЯ МУЖЧИН**<br>dʎa mʊ'ɕin |
| BAGNO UOMINI | **МУЖСКОЙ ТУАЛЕТ**<br>mʊʃs'kɔj tʊa'let |
| BAGNO DONNE | **ЖЕНСКИЙ ТУАЛЕТ**<br>ʒɛnskij tʊa'let |

| | |
|---|---|
| SALDI \| SCONTI | **СКИДКИ**<br>'skitki |
| IN SALDO | **РАСПРОДАЖА**<br>raspra'daʒa |
| GRATIS | **БЕСПЛАТНО**<br>bisp'latnə |
| NOVITA! | **НОВИНКА!**<br>na'vinka! |
| ATTENZIONE! | **ВНИМАНИЕ!**<br>vni'maniə! |

| | |
|---|---|
| COMPLETO | **МЕСТ НЕТ**<br>mest 'net |
| RISERVATO | **ЗАРЕЗЕРВИРОВАНО**<br>zarizer'wiravanə |
| AMMINISTRAZIONE | **АДМИНИСТРАЦИЯ**<br>administ'ratsija |
| RISERVATO AL PERSONALE | **ТОЛЬКО ДЛЯ ПЕРСОНАЛА**<br>tɔlʲkə dʎa persa'nala |

| | |
|---|---|
| ATTENTI AL CANE! | **ЗЛАЯ СОБАКА**<br>'zlaja sa'baka |
| VIETATO FUMARE | **НЕ КУРИТЬ!**<br>ne kʊ'ritʲ! |
| NON TOCCARE | **РУКАМИ НЕ ТРОГАТЬ!**<br>rʊ'kami ne 'trɔgatʲ! |
| PERICOLOSO | **ОПАСНО**<br>a'pasnə |
| PERICOLO | **ОПАСНОСТЬ**<br>a'pasnəstʲ |
| ALTA TENSIONE | **ВЫСОКОЕ НАПРЯЖЕНИЕ**<br>vɪ'sɔkae napri'ʒɛnie |
| DIVIETO DI BALNEAZIONE | **КУПАТЬСЯ ЗАПРЕЩЕНО**<br>kʊ'patsa zapriɕe'nɔ! |

| | |
|---|---|
| FUORI SERVIZIO | **НЕ РАБОТАЕТ**<br>ne ra'bɔtaet |
| INFIAMMABILE | **ОГНЕОПАСНО**<br>agnea'pasnə |
| VIETATO | **ЗАПРЕЩЕНО**<br>zapriɕe'nɔ |
| VIETATO L'ACCESSO | **ПРОХОД ЗАПРЕЩЁН**<br>pra'hɔt zapri'ɕʲon! |
| PITTURA FRESCA | **ОКРАШЕНО**<br>ak'raʃənə |

| | |
|---|---|
| CHIUSO PER RESTAURO | **ЗАКРЫТО НА РЕМОНТ**<br>zak'rɪtə na re'mɔnt |
| LAVORI IN CORSO | **РЕМОНТНЫЕ РАБОТЫ**<br>re'mɔntnıe ra'bɔtı |
| DEVIAZIONE | **ОБЪЕЗД**<br>abʰ'ezt |

## Mezzi di trasporto - Frasi generiche

| | |
|---|---|
| aereo | самолёт<br>sama'ljot |
| treno | поезд<br>'pɔest |
| autobus | автобус<br>aft'ɔbʊs |
| traghetto | паром<br>pa'rɔm |
| taxi | такси<br>tak'si |
| macchina | машина<br>ma'ʃina |

| | |
|---|---|
| orario | расписание<br>raspi'sanie |
| Dove posso vedere l'orario? | Где можно посмотреть расписание?<br>gde 'mɔʒnə pasmat'retʲ raspi'sanie? |
| giorni feriali | рабочие дни<br>ra'bɔtʃiə dni |
| giorni di festa (domenica) | выходные дни<br>vɪhad'nɪe dni |
| giorni festivi | праздничные дни<br>'prazdnitʃnɪe dni |

| | |
|---|---|
| PARTENZA | ОТПРАВЛЕНИЕ<br>atprav'lenie |
| ARRIVO | ПРИБЫТИЕ<br>pri'bɪtie |
| IN RITARDO | ЗАДЕРЖИВАЕТСЯ<br>za'derʒivaetsa |
| CANCELLATO | ОТМЕНЕН<br>atme'nʲon |

| | |
|---|---|
| il prossimo (treno, ecc.) | следующий<br>'sledʊɕij |
| il primo | первый<br>'pervɪj |
| l'ultimo | последний<br>pas'lednij |

| | |
|---|---|
| Quando è il prossimo ...? | Когда будет следующий ...?<br>kag'da 'bʊdet 'sledʊɕij ...? |
| Quando è il primo ...? | Когда отходит первый ...?<br>kag'da at'hɔdit 'pervɪj ...? |

| | |
|---|---|
| Quando è l'ultimo …? | **Когда уходит последний …?**<br>kag'da u'hɔdit pas'lednij …? |
| scalo | **пересадка**<br>piri'satka |
| effettuare uno scalo | **сделать пересадку**<br>'sdelatʲ piri'satkʊ |
| Devo cambiare? | **Мне нужно делать пересадку?**<br>mne 'nʊʒnə 'delatʲ piri'satkʊ? |

## Acquistando un biglietto

| | |
|---|---|
| Dove posso comprare i biglietti? | **Где можно купить билеты?**<br>gde 'mɔʒnə kʊ'pitⁱ bi'letɪ? |
| biglietto | **билет**<br>bi'let |
| comprare un biglietto | **купить билет**<br>kʊ'pitⁱ bi'let |
| il prezzo del biglietto | **стоимость билета**<br>stɔiməstⁱ bi'leta |
| | |
| Dove? | **Куда?**<br>kʊ'da? |
| In quale stazione? | **До какой станции?**<br>dɔ ka'kɔj 'stantsii? |
| Avrei bisogno di … | **Мне нужно …**<br>mne 'nʊʒnə … |
| un biglietto | **один билет**<br>a'din bi'let |
| due biglietti | **два билета**<br>dva bi'leta |
| tre biglietti | **три билета**<br>tri bi'leta |
| | |
| solo andata | **в один конец**<br>v a'din ka'nets |
| andata e ritorno | **туда и обратно**<br>tʊ'da i ab'ratnə |
| prima classe | **первый класс**<br>'pervɪj klass |
| seconda classe | **второй класс**<br>fta'rɔj klass |
| | |
| oggi | **сегодня**<br>si'vɔdɲa |
| domani | **завтра**<br>'zaftra |
| dopodomani | **послезавтра**<br>pɔsle'zaftra |
| la mattina | **утром**<br>'utrəm |
| nel pomeriggio | **днём**<br>dnⁱom |
| la sera | **вечером**<br>'wetʃerəm |

| | |
|---|---|
| posto lato corridoio | **место у прохода**<br>'mestə u pra'hɔda |
| posto lato finestrino | **место у окна**<br>'mestə u ak'na |
| Quanto? | **Сколько?**<br>'skɔlʲkə? |
| Posso pagare con la carta di credito? | **Могу я заплатить карточкой?**<br>ma'gu ja zapla'titʲ 'kartətʃkəj? |

## Autobus

| | |
|---|---|
| autobus | **автобус**<br>aft'ɔbʊs |
| autobus interurbano | **междугородний автобус**<br>meʒdʊga'rɔdnij aft'ɔbʊs |
| fermata dell'autobus | **автобусная остановка**<br>aft'ɔbʊsnaja asta'nɔfka |
| Dov'è la fermata dell'autobus più vicina? | **Где ближайшая автобусная остановка?**<br>gde bli'ʒajʃəja aft'ɔbʊsnaja asta'nɔfka? |

| | |
|---|---|
| numero | **номер**<br>'nɔmer |
| Quale autobus devo prendere per andare a ...? | **Какой автобус идёт до ...?**<br>ka'kɔj aft'ɔbʊs i'dʲot dɔ ...? |
| Questo autobus va a ...? | **Этот автобус идёт до ...?**<br>ɛtət av'tɔbʊs i'dʲot dɔ ...? |
| Qual'è la frequenza delle corse degli autobus? | **Как часто ходят автобусы?**<br>kak 'tʃastə 'hɔdʲat aft'ɔbʊsɪ? |

| | |
|---|---|
| ogni 15 minuti | **каждые 15 минут**<br>'kaʒdɪe pit'naʦatʲ mi'nʊt |
| ogni mezzora | **каждые полчаса**<br>'kaʒdɪe pɔltʃa'sa |
| ogni ora | **каждый час**<br>'kaʒdɪj tʃas |
| più a volte al giorno | **несколько раз в день**<br>'neskalʲkə raz v denʲ |
| ... volte al giorno | **... раз в день**<br>... raz v denʲ |

| | |
|---|---|
| orario | **расписание**<br>raspi'sanie |
| Dove posso vedere l'orario? | **Где можно посмотреть расписание?**<br>gde 'mɔʒnə pasmat'retʲ raspi'sanie? |
| Quando passa il prossimo autobus? | **Когда будет следующий автобус?**<br>kag'da 'bʊdet 'sledʊɕij aft'ɔbʊs? |
| A che ora è il primo autobus? | **Когда отходит первый автобус?**<br>kag'da at'hɔdit 'pervɪj aft'ɔbʊs? |
| A che ora è l'ultimo autobus? | **Когда уходит последний автобус?**<br>kag'da u'hɔdit pas'lednij aft'ɔbʊs? |

| | |
|---|---|
| fermata | **остановка** <br> asta'nɔfka |
| prossima fermata | **следующая остановка** <br> 'sleduɕeja asta'nɔfka |
| ultima fermata | **конечная остановка** <br> ka'netʃneja asta'nɔfka |
| Può fermarsi qui, per favore. | **Остановите здесь, пожалуйста.** <br> astana'wite zdesʲ, pa'ʒaleste |
| Mi scusi, questa è la mia fermata. | **Разрешите, это моя остановка.** <br> razre'ʃite, 'ɛte ma'ja asta'nɔfka |

## Treno

| | |
|---|---|
| treno | **поезд**<br>'pɔest |
| treno locale | **пригородный поезд**<br>'prigəradnıj 'pɔest |
| treno a lunga percorrenza | **поезд дальнего следования**<br>'pɔest 'dalʲnevə 'sledavanija |
| stazione (~ ferroviaria) | **вокзал**<br>vak'zal |
| Mi scusi, dov'è l'uscita per il binario? | **Извините, где выход к поездам?**<br>izwi'nite, gde 'vıhət k paez'dam? |
| Questo treno va a …? | **Этот поезд идёт до …?**<br>ɛtət 'pɔest i'dʲot dɔ …? |
| il prossimo treno | **следующий поезд**<br>'sleduɕij 'pɔest |
| Quando è il prossimo treno? | **Когда будет следующий поезд?**<br>kag'da 'budet 'sleduɕij 'pɔest? |
| Dove posso vedere l'orario? | **Где можно посмотреть расписание?**<br>gde 'mɔʒnə pasmat'retʲ raspi'sanie? |
| Da quale binario? | **С какой платформы?**<br>s ka'kɔj plat'fɔrmı? |
| Quando il treno arriva a … ? | **Когда поезд прибывает в …?**<br>kag'da 'pɔest pribı'vaet v …? |
| Mi può aiutare, per favore. | **Помогите мне, пожалуйста.**<br>pama'gite mne, pa'ʒaləstə |
| Sto cercando il mio posto. | **Я ищу своё место.**<br>ja i'ɕu sva'o 'mestə |
| Stiamo cercando i nostri posti. | **Мы ищем наши места.**<br>mı 'iɕem 'naʃi mes'ta |
| Il mio posto è occupato. | **Моё место занято.**<br>ma'o 'mestə 'zaɲatə |
| I nostri posti sono occupati. | **Наши места заняты.**<br>'naʃi mes'ta 'zaɲatı |
| Mi scusi, ma questo è il mio posto. | **Извините, пожалуйста,**<br>**но это моё место.**<br>izwi'nite, pa'ʒaləstə,<br>nɔ 'ɛtə ma'ʲo 'mestə |
| E' occupato? | **Это место свободно?**<br>ɛtə 'mestə sva'bɔdnə? |
| Posso sedermi qui? | **Могу я здесь сесть?**<br>ma'gu ja zdesʲ 'sestʲ? |

## Sul treno - Dialogo (Senza il biglietto)

Biglietto per favore.
**Ваш билет, пожалуйста.**
vaʃ bi'let, pa'ʒaləstə

Non ho il biglietto.
**У меня нет билета.**
u me'ɲa net bi'leta

Ho perso il biglietto.
**Я потерял /потеряла/ свой билет.**
ja pate'rʲal /pate'rʲala/ svɔj bi'let

Ho dimenticato il biglietto a casa.
**Я забыл /забыла/ билет дома.**
ja za'bɪl /za'bɪla/ bi'let 'dɔma

Può acquistare il biglietto da me.
**Вы можете купить билет у меня.**
vɪ 'mɔʒɛte kʊ'pitʲ bi'let u me'ɲa

Deve anche pagare una multa.
**Вам ещё придётся
заплатить штраф.**
vam i'ɕʲo pri'dʲoʦa
zapla'titʲ 'ʃtraf

Va bene.
**Хорошо.**
hara'ʃɔ

Dove va?
**Куда вы едете?**
kʊ'da vɪ 'edete?

Vado a ...
**Я еду до ...**
ja 'edʊ dɔ ...

Quanto? Non capisco.
**Сколько? Я не понимаю.**
'skɔlʲkə? ja ne pani'maʲʉ

Può scriverlo per favore.
**Напишите, пожалуйста.**
napi'ʃite, pa'ʒaləstə

D'accordo. Posso pagare con la carta di credito?
**Хорошо. Могу я заплатить карточкой?**
hara'ʃɔ. ma'gʊ ja zapla'titʲ 'kartətʃkəj?

Si.
**Да, можете.**
da 'mɔʒɛte

Ecco la sua ricevuta.
**Вот ваша квитанция.**
vɔt 'vaʃʌ kwi'tanʦija

Mi dispiace per la multa.
**Сожалею о штрафе.**
saʒə'leʲʉ ɔ 'ʃtrafe

Va bene così. È stata colpa mia.
**Это ничего. Это моя вина.**
'ɛtə nitʃe'vɔ. 'ɛtə ma'ja wi'na

Buon viaggio.
**Приятной вам поездки.**
pri'jatnəj vam pa'eztki

## Taxi

| | |
|---|---|
| taxi | **такси**<br>tak'si |
| tassista | **таксист**<br>tak'sist |
| prendere un taxi | **поймать такси**<br>paj'matʲ tak'si |
| posteggio taxi | **стоянка такси**<br>sta'janka tak'si |
| Dove posso prendere un taxi? | **Где я могу взять такси?**<br>gde ja ma'gʊ vzʲatʲ tak'si? |
| chiamare un taxi | **вызвать такси**<br>'vɪzvatʲ tak'si |
| Ho bisogno di un taxi. | **Мне нужно такси.**<br>mne 'nʊʒnə tak'si |
| Adesso. | **Прямо сейчас.**<br>'prʲamə se'ʧas |
| Qual'è il suo indirizzo? | **Ваш адрес?**<br>vaʃ 'adres? |
| Il mio indirizzo è … | **Мой адрес …**<br>mɔj 'adres … |
| La sua destinazione? | **Куда вы поедете?**<br>kʊ'da vɪ pɔ'edete? |
| Mi scusi, … | **Извините, …**<br>izwi'nite, … |
| E' libero? | **Вы свободны?**<br>vɪ sva'bɔdnɪ? |
| Quanto costa andare a …? | **Сколько стоит доехать до …?**<br>'skɔlʲkə 'stɔit da'ehatʲ dɔ …? |
| Sapete dove si trova? | **Вы знаете, где это?**<br>vɪ 'znaete, 'gde ɛtə? |
| All'aeroporto, per favore. | **В аэропорт, пожалуйста.**<br>v aərа'pɔrt, pa'ʒaləstə |
| Si fermi qui, per favore. | **Остановитесь здесь, пожалуйста.**<br>astana'witesʲ zdesʲ, pa'ʒaləstə |
| Non è qui. | **Это не здесь.**<br>'ɛtə ne zdesʲ |
| È l'indirizzo sbagliato. | **Это неправильный адрес.**<br>'ɛtə nep'rawilʲnɪj 'adres |
| Giri a sinistra. | **Сейчас налево.**<br>si'ʧas na'levə |
| Giri a destra. | **Сейчас направо.**<br>si'ʧas nap'ravə |

| | |
|---|---|
| Quanto le devo? | **Сколько я вам должен /должна/?**<br>'skolʲkə ja vam 'dolʒen /dolʒ'na/? |
| Potrei avere una ricevuta, per favore. | **Дайте мне чек, пожалуйста.**<br>dajte mne 'ʧek, pa'ʒaləstə |
| Tenga il resto. | **Сдачи не надо.**<br>sdatʃi ne 'nadə |
| | |
| Può aspettarmi, per favore? | **Подождите меня, пожалуйста.**<br>padaʒ'dite me'ɲa, pa'ʒaləstə |
| cinque minuti | **5 минут**<br>pʲatʲ mi'nʊt |
| dieci minuti | **10 минут**<br>'desʲatʲ mi'nʊt |
| quindici minuti | **15 минут**<br>pit'natsatʲ mi'nʊt |
| venti minuti | **20 минут**<br>'dvatsatʲ mi'nʊt |
| mezzora | **полчаса**<br>poltʃa'sa |

# Hotel

| | |
|---|---|
| Salve. | **Здравствуйте.**<br>'zdrastvujte |
| Mi chiamo … | **Меня зовут …**<br>mi'na za'vʊt … |
| Ho prenotato una camera. | **Я резервировал /резервировала/ номер.**<br>ja rezer'virəval /rezer'virəvala/ 'nomer |
| Ho bisogno di … | **Мне нужен …**<br>mne 'nʊʒən … |
| una camera singola | **одноместный номер**<br>ədna'mesnıj 'nomer |
| una camera doppia | **двухместный номер**<br>dvʊh'mesnıj 'nomer |
| Quanto costa questo? | **Сколько он стоит?**<br>'skolʲkə ɔn 'stɔit? |
| È un po' caro. | **Это немного дорого.**<br>ɛtə nem'nɔgə 'dɔrəgə |
| Avete qualcos'altro? | **У вас есть еще что-нибудь?**<br>u vas estʲ e'ɕɔ ʃtɔ ni'bʊtʲ? |
| La prendo. | **Я возьму его.**<br>ja vazʲ'mʊ e'vɔ |
| Pago in contanti. | **Я заплачу наличными.**<br>ja zapla'tʃu na'litʃnımi |
| Ho un problema. | **У меня проблема.**<br>u me'na prab'lema |
| Il mio … è rotto. | **Мой … сломан /Моя … сломана/**<br>mɔj … 'sloman /ma'ja … 'slomana/ |
| Il mio … è fuori servizio. | **Мой /Моя/ … не работает.**<br>mɔj /ma'ja/ … ne ra'botaet |
| televisore | **телевизор (м)**<br>tele'wizər |
| condizionatore | **кондиционер (м)**<br>kəndiʦia'ner |
| rubinetto | **кран (м)**<br>kran |
| doccia | **душ (м)**<br>dʊʃ |
| lavandino | **раковина (ж)**<br>'rakəwina |

| | |
|---|---|
| cassaforte | **сейф (м)** <br> sɛjf |
| serratura | **замок (м)** <br> za'mɔk |
| presa elettrica | **розетка (ж)** <br> ra'zetka |
| asciugacapelli | **фен (м)** <br> fen |

| | |
|---|---|
| Non ho ... | **У меня нет ...** <br> u me'ɲa net ... |
| l'acqua | **воды** <br> va'dı |
| la luce | **света** <br> 'sweta |
| l'elettricità | **электричества** <br> ɛlekt'ritʃestva |

| | |
|---|---|
| Può darmi ...? | **Можете мне дать ...?** <br> 'mɔʒete mne datʲ ...? |
| un asciugamano | **полотенце** <br> pala'tentse |
| una coperta | **одеяло** <br> ade'jalə |
| delle pantofole | **тапочки** <br> 'tapətʃki |
| un accappatoio | **халат** <br> ha'lat |
| dello shampoo | **шампунь** <br> ʃʌm'pʊnʲ |
| del sapone | **мыло** <br> 'mılə |

| | |
|---|---|
| Vorrei cambiare la camera. | **Я хотел бы /хотела бы/ поменять номер.** <br> ja ha'tel /ha'tela/ bı pame'ɲatʲ 'nɔmer |
| Non trovo la chiave. | **Я не могу найти свой ключ.** <br> ja ne ma'gʊ naj'ti svɔj klʲʉtʃ |
| Potrebbe aprire la mia camera, per favore? | **Откройте мой номер, пожалуйста.** <br> atk'rɔjte mɔj 'nɔmer, pa'ʒaləste |
| Chi è? | **Кто там?** <br> ktɔ tam? |
| Avanti! | **Войдите!** <br> vaj'dite! |
| Un attimo! | **Одну минуту!** <br> ad'nʊ mi'nʊtʊ! |

| | |
|---|---|
| Non adesso, per favore. | **Пожалуйста, не сейчас.** <br> pa'ʒaləste, ne se'tʃas |
| Può venire nella mia camera, per favore. | **Зайдите ко мне, пожалуйста.** <br> zaj'dite kam'ne, pa'ʒaləste |

| | |
|---|---|
| Vorrei ordinare qualcosa da mangiare. | **Я хочу сделать заказ еды в номер.** |
| | ja ha'ʧu 'sdelatʲ za'kas e'dɪ v 'nɔmer |
| Il mio numero di camera è … | **Мой номер комнаты …** |
| | mɔj 'nɔmer 'kɔmnatɪ … |

| | |
|---|---|
| Parto … | **Я уезжаю …** |
| | ja ue'ʑʑaʲʮ … |
| Partiamo … | **Мы уезжаем …** |
| | mɪ ue'ʑʑaem … |
| adesso | **сейчас** |
| | se'ʧas |
| questo pomeriggio | **сегодня после обеда** |
| | se'vɔдnа 'pɔsle a'beda |
| stasera | **сегодня вечером** |
| | se'vɔдnа 'weʧerəm |
| domani | **завтра** |
| | 'zaftra |
| domani mattina | **завтра утром** |
| | 'zaftra 'utrəm |
| domani sera | **завтра вечером** |
| | 'zaftra 'weʧerəm |
| dopodomani | **послезавтра** |
| | pɔsle'zaftra |

| | |
|---|---|
| Vorrei pagare. | **Я хотел бы /хотела бы/ рассчитаться.** |
| | ja ha'tel /ha'tela/ bɪ rasɕi'taʦa |
| È stato tutto magnifico. | **Всё было отлично.** |
| | vsʲo 'bɪlə at'liʧnə |
| Dove posso prendere un taxi? | **Где я могу взять такси?** |
| | gde ja ma'gʊ vzʲatʲ tak'si? |
| Potrebbe chiamarmi un taxi, per favore? | **Вызовите мне такси, пожалуйста.** |
| | vɪzawite mne tak'si, pa'ʒaləstə |

## Al Ristorante

Posso vedere il menù, per favore?
**Могу я посмотреть ваше меню?**
ma'gʊ ja pasmat'retʲ 'vaʃə me'nʲʉ?

Un tavolo per una persona.
**Столик для одного.**
stɔlik dʎa adna'vɔ

Siamo in due (tre, quattro).
**Нас двое (трое, четверо).**
nas 'dvɔe ('trɔe, 'tʃetwerə)

Fumatori
**Для курящих**
dʎa kʊ'rʲaɕih

Non fumatori
**Для некурящих**
dʎa nekʊ'rʲaɕih

Mi scusi!
**Будьте добры!**
'bʊtʲte dab'rı!

il menù
**меню**
me'nʲʉ

la lista dei vini
**карта вин**
'karta win

Posso avere il menù, per favore.
**Меню, пожалуйста.**
me'nʲʉ, pa'ʒaləstə

È pronto per ordinare?
**Вы готовы сделать заказ?**
vı ga'tɔvı 'sdelatʲ za'kas?

Cosa gradisce?
**Что вы будете заказывать?**
ʃtɔ vı 'bʊdete za'kazıvatʲ?

Prendo …
**Я буду …**
ja 'bʊdʊ …

Sono vegetariano.
**Я вегетарианец /вегетарианка/.**
ja wegetari'aneʦ /wegetari'anka/

carne
**мясо**
'mʲasə

pesce
**рыба**
'rıba

verdure
**овощи**
'ɔvaɕi

Avete dei piatti vegetariani?
**У вас есть вегетарианские блюда?**
u vas estʲ wegetari'anskie blʲʉda?

Non mangio carne di maiale.
**Я не ем свинину.**
ja ne 'em svi'ninʊ

Lui /lei/ non mangia la carne.
**Он /она/ не ест мясо.**
an /a'na/ ne est 'mʲasə

Sono allergico a …
**У меня аллергия на …**
u me'ɲa aler'gija na …

| | |
|---|---|
| Potrebbe portarmi ... | **Принесите мне, пожалуйста ...**<br>prine'site mne, pa'ʒalǝstǝ ... |
| del sale \| del pepe \| dello zucchero | **соль \| перец \| сахар**<br>sɔlʲ \| 'pereʦ \| 'sahar |
| un caffè \| un tè \| un dolce | **кофе \| чай \| десерт**<br>'kɔfe \| ʧaj \| de'sert |
| dell'acqua \| frizzante \| naturale | **вода \| с газом \| без газа**<br>va'da \| s 'gazǝm \| bes 'gaza |
| un cucchiaio \| una forchetta \| un coltello | **ложка \| вилка \| нож**<br>'lɔʃka \| 'wilka \| nɔʃ |
| un piatto \| un tovagliolo | **тарелка \| салфетка**<br>ta'relka \| sal'fetka |

| | |
|---|---|
| Buon appetito! | **Приятного аппетита!**<br>pri'jatnǝvǝ ape'tita! |
| Un altro, per favore. | **Принесите ещё, пожалуйста.**<br>prine'site e'ɕo, pa'ʒalǝstǝ |
| È stato squisito. | **Было очень вкусно.**<br>'bɪlǝ 'ɔʧenʲ 'vkusnǝ |

| | |
|---|---|
| il conto \| il resto \| la mancia | **счёт \| сдача \| чаевые**<br>ɕot \| 'sdaʧǝ \| ʧǝi'vɪe |
| Il conto, per favore. | **Счёт, пожалуйста.**<br>ɕot, pa'ʒalǝstǝ |
| Posso pagare con la carta di credito? | **Могу я заплатить карточкой?**<br>ma'gu ja zapla'titʲ 'kartǝʧkǝj? |
| Mi scusi, c'è un errore. | **Извините, здесь ошибка.**<br>izwi'nite, zdesʲ a'ʃɪpka |

# Shopping

| | |
|---|---|
| Posso aiutarla? | **Могу я вам помочь?**<br>ma'gu ja vam pa'motʃ? |
| Avete ...? | **У вас есть ...?**<br>u vas estʲ ...? |
| Sto cercando ... | **Я ищу ...**<br>ja i'ɕu ... |
| Ho bisogno di ... | **Мне нужен ...**<br>mne 'nuʒən ... |

| | |
|---|---|
| Sto guardando. | **Я просто смотрю.**<br>ja 'prostə smat'rʲu |
| Stiamo guardando. | **Мы просто смотрим.**<br>mɪ 'prostə 'smotrim |
| Ripasserò più tardi. | **Я зайду позже.**<br>ja zaj'du 'poʐʐə |
| Ripasseremo più tardi. | **Мы зайдём позже.**<br>mɪ zaj'dʲom 'poʐʐə |
| sconti \| saldi | **скидки \| распродажа**<br>'skitki \| raspra'daʒa |

| | |
|---|---|
| Per favore, mi può far vedere ...? | **Покажите мне, пожалуйста ...**<br>paka'ʒite mne, pa'ʒaləstə ... |
| Per favore, potrebbe darmi ... | **Дайте мне, пожалуйста ...**<br>dajte mne, pa'ʒaləstə ... |
| Posso provarlo? | **Могу я это примерить?**<br>ma'gu ja 'ɛtə pri'meritʲ? |
| Mi scusi, dov'è il camerino? | **Извините, где примерочная?**<br>izwi'nite, gde pri'merətʃnəja? |
| Che colore desidera? | **Какой цвет вы хотите?**<br>ka'koj tswet vɪ ha'tite? |
| taglia \| lunghezza | **размер \| рост**<br>raz'mer \| rost |
| Come le sta? | **Подошло?**<br>pada'ʃlo? |

| | |
|---|---|
| Quanto costa questo? | **Сколько это стоит?**<br>'skolʲkə 'ɛtə 'stoit? |
| È troppo caro. | **Это слишком дорого.**<br>'ɛtə 'sliʃkəm 'dorəgə |
| Lo prendo. | **Я возьму это.**<br>ja vozʲ'mu 'ɛtə |
| Mi scusi, dov'è la cassa? | **Извините, где касса?**<br>izwi'nite, gde 'kassa? |

Paga in contanti o con carta di credito?

**Как вы будете платить?**
kak vi 'budete pla'tit'?

In contanti | con carta di credito

**наличными | карточкой**
na'litʃnımi | 'kartətʃkəj

---

Vuole lo scontrino?

**Вам нужен чек?**
vam 'nuʒən tʃek?

Sì, grazie.

**Да, будьте добры.**
da, 'but'te dab'rı

No, va bene così.

**Нет, не надо. Спасибо.**
net, ne 'nadə. spa'sibə

Grazie. Buona giornata!

**Спасибо. Всего хорошего!**
spa'sibə. vse'vɔ ha'rɔʃəvə!

# In città

| | |
|---|---|
| Mi scusi, per favore ... | **Извините, пожалуйста ...**<br>izwi'nite, pa'ʒaləstə ... |
| Sto cercando ... | **Я ищу ...**<br>ja i'ɕu ... |
| la metropolitana | **метро**<br>me'trɔ |
| il mio albergo | **свою гостиницу**<br>svɔ'ʲʉ gas'tinitsu |
| il cinema | **кинотеатр**<br>kinəte'atr |
| il posteggio taxi | **стоянку такси**<br>sta'janku tak'si |
| un bancomat | **банкомат**<br>banka'mat |
| un ufficio dei cambi | **обмен валют**<br>ab'men va'lʲʉt |
| un internet café | **интернет-кафе**<br>intɛr'nɛt ka'fɛ |
| via ... | **улицу ...**<br>ulitsu ... |
| questo posto | **вот это место**<br>vɔt 'ɛtə 'mestə |
| Sa dove si trova ...? | **Вы не знаете, где находится ...?**<br>vɪ ne 'znaete, gde na'hɔditsa ...? |
| Come si chiama questa via? | **Как называется эта улица?**<br>kak nazɪ'vaetsa 'ɛta 'ulitsa? |
| Può mostrarmi dove ci troviamo? | **Покажите, где мы сейчас.**<br>paka'ʒite, gde mɪ se'tʃas |
| Posso andarci a piedi? | **Я дойду туда пешком?**<br>ja daj'dʊ tʊ'da peʃ'kɔm? |
| Avete la piantina della città? | **У вас есть карта города?**<br>u vas estʲ 'karta 'gɔrada? |
| Quanto costa un biglietto? | **Сколько стоит билет?**<br>'skɔlʲkə 'stɔit bi'let? |
| Si può fotografare? | **Здесь можно фотографировать?**<br>zdesʲ 'mɔʒnə fɔtagra'firəvatʲ? |
| E' aperto? | **Вы открыты?**<br>vɪ atk'rɪtɪ? |

Quando aprite?

**Во сколько вы открываетесь?**
vɔ 'skɔlʲkə vɪ atkrɪ'vaetesʲ?

Quando chiudete?

**До которого часа вы работаете?**
dɔ ka'tɔrəvə 'ʧasa vɪ ra'bɔtaete?

# Soldi

| | |
|---|---|
| Soldi | деньги<br>'den'gi |
| contanti | наличные деньги<br>na'litʃnɪe 'den'gi |
| banconote | бумажные деньги<br>bʊ'maʒnɪe 'den'gi |
| monete | мелочь<br>'melɔtʃ |
| conto \| resto \| mancia | счет \| сдача \| чаевые<br>ɕot \| 'sdatʃə \| tʃəi'vɪe |
| carta di credito | кредитная карточка<br>kre'ditnəja 'kartətʃka |
| portafoglio | бумажник<br>bʊ'maʒnik |
| comprare | покупать<br>pakʊ'pat' |
| pagare | платить<br>pla'tit' |
| multa | штраф<br>ʃtraf |
| gratuito | бесплатно<br>bisp'latnə |
| Dove posso comprare ...? | Где я могу купить ...?<br>gde ja ma'gʊ kʊ'pit' ...? |
| La banca è aperta adesso? | Банк сейчас открыт?<br>bank se'tʃas atk'rɪt? |
| Quando apre? | Во сколько он открывается?<br>vɔ 'skɔl'kə ɔn atkrɪ'vaeʦa? |
| Quando chiude? | До которого часа он работает?<br>dɔ ka'tɔrəvə 'tʃasa an ra'bɔtaet? |
| Quanto costa? | Сколько?<br>'skɔl'kə? |
| Quanto costa questo? | Сколько это стоит?<br>'skɔl'kə 'ɛtə 'stɔit? |
| È troppo caro. | Это слишком дорого.<br>'ɛtə 'sliʃkəm 'dɔrəgə |
| Scusi, dov'è la cassa? | Извините, где касса?<br>izwi'nite, gde 'kassa? |
| Il conto, per favore. | Счёт, пожалуйста.<br>ɕot, pa'ʒaləstə |

Posso pagare con la carta di credito?

**Могу я заплатить карточкой?**
ma'gu ja zapla'tit' 'kartətʃkəj?

C'è un bancomat?

**Здесь есть банкомат?**
zdes' est' banka'mat?

Sto cercando un bancomat.

**Мне нужен банкомат.**
mne 'nuʒən banka'mat

Sto cercando un ufficio dei cambi.

**Я ищу обмен валют.**
ja i'çu ab'men va'l'ut

Vorrei cambiare ...

**Я бы хотел /хотела/ поменять ...**
ja bɪ ha'tel /ha'tela/ pame'ɲat' ...

Quanto è il tasso di cambio?

**Какой курс обмена?**
ka'kɔj kurs ab'mena

Ha bisogno del mio passaporto?

**Вам нужен мой паспорт?**
vam 'nuʒən mɔj 'paspərt?

## Le ore

| | |
|---|---|
| Che ore sono? | **Который час?**<br>ka'torij tʃas? |
| Quando? | **Когда?**<br>kag'da? |
| A che ora? | **Во сколько?**<br>va 'skolʲkə? |
| adesso \| più tardi \| dopo … | **сейчас \| позже \| после …**<br>se'tʃas \| 'poʑʑe \| 'posle … |
| l'una | **Час дня**<br>tʃas dɲa |
| l'una e un quarto | **Час пятнадцать**<br>tʃas pit'natsatʲ |
| l'una e trenta | **Час тридцать**<br>tʃas t'rittsatʲ |
| l'una e quarantacinque | **Без пятнадцати два**<br>bez pit'natsati dva |
| uno \| due \| tre | **один \| два \| три**<br>a'din \| dva \| tri |
| quattro \| cinque \| sei | **четыре \| пять \| шесть**<br>tʃe'tɨre \| pʲatʲ \| ʃɛstʲ |
| sette \| otto \| nove | **семь \| восемь \| девять**<br>semʲ \| 'vosemʲ \| 'devʲatʲ |
| dieci \| undici \| dodici | **десять \| одиннадцать \| двенадцать**<br>'desʲatʲ \| a'dinnatsatʲ \| dwi'natsatʲ |
| fra … | **через …**<br>tʃerez … |
| cinque minuti | **5 минут**<br>pʲatʲ mi'nut |
| dieci minuti | **10 минут**<br>'desʲatʲ mi'nut |
| quindici minuti | **15 минут**<br>pit'natsatʲ mi'nut |
| venti minuti | **20 минут**<br>'dvatsatʲ mi'nut |
| mezzora | **полчаса**<br>poltʃa'sa |
| un'ora | **один час**<br>a'din tʃas |

| | |
|---|---|
| la mattina | **утром**<br>'utrəm |
| la mattina presto | **рано утром**<br>ranə 'utrəm |
| questa mattina | **сегодня утром**<br>se'vɔdɲa 'utrəm |
| domani mattina | **завтра утром**<br>'zaftrə 'utrəm |
| all'ora di pranzo | **в обед**<br>v a'bet |
| nel pomeriggio | **после обеда**<br>'pɔsle a'beda |
| la sera | **вечером**<br>'wetʃerəm |
| stasera | **сегодня вечером**<br>se'vɔdɲa 'wetʃerəm |
| la notte | **ночью**<br>'nɔtʃʉ |
| ieri | **вчера**<br>vtʃe'ra |
| oggi | **сегодня**<br>si'vɔdɲa |
| domani | **завтра**<br>'zaftra |
| dopodomani | **послезавтра**<br>pɔsle'zaftra |
| Che giorno è oggi? | **Какой сегодня день?**<br>ka'kɔj si'vɔdɲa denʲ? |
| Oggi è … | **Сегодня …**<br>se'vɔdɲa … |
| lunedì | **понедельник**<br>pani'delʲnik |
| martedì | **вторник**<br>'ftɔrnik |
| mercoledì | **среда**<br>sri'da |
| giovedì | **четверг**<br>tʃet'werk |
| venerdì | **пятница**<br>'pʲatnitsa |
| sabato | **суббота**<br>sʊ'bɔta |
| domenica | **воскресенье**<br>vaskre'seɲje |

## Saluti - Presentazione

| | |
|---|---|
| Salve. | **Здравствуйте.** |
| | 'zdrastvʊjte |
| Lieto di conoscerla. | **Рад /рада/ с вами познакомиться.** |
| | rad /'rada/ s 'vami pazna'komitsa |
| Il piacere è mio. | **Я тоже.** |
| | ja 'toʒɛ |
| Vi presento ... | **Знакомьтесь. Это ...** |
| | zna'komʲtesʲ. 'ɛtə ... |
| Molto piacere. | **Очень приятно.** |
| | otʃenʲ priˈjatnə |

| | |
|---|---|
| Come sta? | **Как вы? \| Как у вас дела?** |
| | kak vɪ? \| kak u vas deˈla? |
| Mi chiamo ... | **Меня зовут ...** |
| | miˈɲa zaˈvʊt ... |
| Si chiama ... (m) | **Его зовут ...** |
| | eˈvɔ zaˈvʊt ... |
| Si chiama ... (f) | **Её зовут ...** |
| | eʲo zaˈvʊt ... |
| Come si chiama? | **Как вас зовут?** |
| | kak vas zaˈvʊt? |
| Come si chiama lui? | **Как его зовут?** |
| | kak eˈvɔ zaˈvʊt? |
| Come si chiama lei? | **Как ее зовут?** |
| | kak eʲo zaˈvʊt? |

| | |
|---|---|
| Qual'è il suo cognome? | **Как ваша фамилия?** |
| | kak 'vaʃʌ faˈmilija? |
| Può chiamarmi ... | **Зовите меня ...** |
| | zaˈwite meˈɲa ... |
| Da dove viene? | **Откуда вы?** |
| | atˈkʊda vɪ |
| Vengo da ... | **Я из ...** |
| | ja iz ... |
| Che lavoro fa? | **Кем вы работаете?** |
| | kem vɪ raˈbotaete? |
| Chi è? | **Кто это?** |
| | ktɔ 'ɛtə? |
| Chi è lui? | **Кто он?** |
| | ktɔ ɔn? |
| Chi è lei? | **Кто она?** |
| | ktɔ aˈna? |
| Chi sono loro? | **Кто они?** |
| | ktɔ aˈni? |

| | |
|---|---|
| Questo è … | **Это …**<br>'ɛtə … |
| il mio amico | **мой друг**<br>mɔj drʊk |
| la mia amica | **моя подруга**<br>ma'ja pad'rʊga |
| mio marito | **мой муж**<br>mɔj mʊʃ |
| mia moglie | **моя жена**<br>ma'ja ʒi'na |
| mio padre | **мой отец**<br>mɔj a'teʦ |
| mia madre | **моя мама**<br>ma'ja 'mama |
| mio fratello | **мой брат**<br>mɔj brat |
| mia sorella | **моя сестра**<br>ma'ja sist'ra |
| mio figlio | **мой сын**<br>mɔj sɪn |
| mia figlia | **моя дочь**<br>ma'ja dɔʧ |
| Questo è nostro figlio. | **Это наш сын.**<br>'ɛtə naʃ sɪn |
| Questa è nostra figlia. | **Это наша дочь.**<br>'ɛtə 'naʃʌ dɔʧ |
| Questi sono i miei figli. | **Это мои дети.**<br>'ɛtə ma'i 'deti |
| Questi sono i nostri figli. | **Это наши дети.**<br>'ɛtə 'naʃi 'deti |

## Saluti di commiato

| | |
|---|---|
| Arrivederci! | **До свидания!**<br>dɔ swi'danija! |
| Ciao! | **Пока!**<br>pa'ka! |
| A domani. | **До завтра.**<br>dɔ 'zaftra |
| A presto. | **До встречи.**<br>dɔ vstr'etʃi |
| Ci vediamo alle sette. | **Встретимся в семь.**<br>vstr'etimsʲa v semʲ |

| | |
|---|---|
| Divertitevi! | **Развлекайтесь!**<br>razvle'kajtesʲ! |
| Ci sentiamo più tardi. | **Поговорим попозже.**<br>pagava'rim pa'pɔʑʑə |
| Buon fine settimana. | **Удачных выходных.**<br>u'datʃnɪh vɪhad'nɪh |
| Buona notte | **Спокойной ночи.**<br>spa'kɔjnəj 'nɔtʃi |

| | |
|---|---|
| Adesso devo andare. | **Мне пора.**<br>mne pa'ra |
| Devo andare. | **Мне надо идти.**<br>mne 'nadə it'ti |
| Torno subito. | **Я сейчас вернусь.**<br>ja se'tʃas wer'nʊsʲ |

| | |
|---|---|
| È tardi. | **Уже поздно.**<br>u'ʒɛ 'pɔzdnə |
| Domani devo alzarmi presto. | **Мне рано вставать.**<br>mne 'ranə vsta'vatʲ |
| Parto domani. | **Я завтра уезжаю.**<br>ja 'zaftra ue'ʑʑaʲʉ |
| Partiamo domani. | **Мы завтра уезжаем.**<br>mɪ 'zaftra ue'ʑʑaem |

| | |
|---|---|
| Buon viaggio! | **Счастливой поездки!**<br>ɕas'livej pa'eztki! |
| È stato un piacere conoscerla. | **Было приятно с вами<br>познакомиться.**<br>'bɪlə pri'jatnə s 'vami<br>pazna'kɔmitsa |
| È stato un piacere parlare con lei. | **Было приятно с вами пообщаться.**<br>'bɪlə pri'jatnə s 'vami paab'ɕatsa |

| | |
|---|---|
| Grazie di tutto. | **Спасибо за всё.**<br>spa'sibə za 'vsʲo |
| Mi sono divertito. | **Я прекрасно провёл /провела/ время.**<br>ja pre'krasnə pra'wʲol /prawe'la/ 'vremʲa |

| | |
|---|---|
| Ci siamo divertiti. | **Мы прекрасно провели время.**<br>mɪ pre'krasnə prawe'li 'vremʲa |
| È stato straordinario. | **Всё было замечательно.**<br>vsʲo 'bɪlə zame'tʃatelʲnə |
| Mi mancherà. | **Я буду скучать.**<br>ja 'bʊdʊ skʊ'tʃatʲ |
| Ci mancherà. | **Мы будем скучать.**<br>mɪ 'bʊdem skʊ'tʃatʲ |

| | |
|---|---|
| Buona fortuna! | **Удачи! Счастливо!**<br>u'datʃi! 'ɕaslivə! |
| Mi saluti ... | **Передавайте привет ...**<br>pereda'vajte pri'wet ... |

# Lingua straniera

| | |
|---|---|
| Non capisco. | **Я не понимаю.**<br>ja ne pani'maʲʉ |
| Può scriverlo, per favore. | **Напишите это, пожалуйста.**<br>napi'ʃite 'ɛtə, pa'ʒaləstə |
| Parla ...? | **Вы знаете ...?**<br>vɪ 'znaete ...? |
| Parlo un po' ... | **Я немного знаю ...**<br>ja nem'nɔgə 'znaʲʉ ... |
| inglese | **английский**<br>ang'lijskij |
| turco | **турецкий**<br>tʊ'retskij |
| arabo | **арабский**<br>a'rapskij |
| francese | **французский**<br>fran'tsuskij |
| tedesco | **немецкий**<br>ne'metskij |
| italiano | **итальянский**<br>ita'ljanskij |
| spagnolo | **испанский**<br>is'panskij |
| portoghese | **португальский**<br>partʊgalʲskij |
| cinese | **китайский**<br>ki'tajskij |
| giapponese | **японский**<br>ja'pɔnskij |
| Può ripetere, per favore. | **Повторите, пожалуйста.**<br>pavta'rite, pa'ʒaləstə |
| Capisco. | **Я понимаю.**<br>ja pani'maʲʉ |
| Non capisco. | **Я не понимаю.**<br>ja ne pani'maʲʉ |
| Può parlare più piano, per favore. | **Говорите медленнее, пожалуйста.**<br>gava'rite 'medlenee, pa'ʒaləstə |
| È corretto? | **Это правильно?**<br>'ɛtə 'prawilʲnə? |
| Cos'è questo? (Cosa significa?) | **Что это?**<br>ʃto 'ɛtə? |

## Chiedere scusa

| | |
|---|---|
| Mi scusi, per favore. | **Извините, пожалуйста.**<br>izwi'nite, pa'ʒaləstə |
| Mi dispiace. | **Я сожалею.**<br>ja saʒə'leʲʉ |
| Mi dispiace molto. | **Мне очень жаль.**<br>mne 'ɔʧenʲ ʒalʲ |
| Mi dispiace, è colpa mia. | **Виноват /Виновата/, это моя вина.**<br>wina'vat /wina'vata/, 'ɛtə ma'ja wi'na |
| È stato un mio errore. | **Моя ошибка.**<br>ma'ja a'ʃipka |

| | |
|---|---|
| Posso ...? | **Могу я ...?**<br>ma'gʊ ja ...? |
| Le dispiace se ...? | **Вы не будете возражать, если я ...?**<br>vɪ ne 'bʊdete vazra'ʒatʲ, 'esli ja ...? |
| Non fa niente. | **Ничего страшного.**<br>niʧe'vɔ 'straʃnəvə |
| Tutto bene. | **Всё в порядке.**<br>vsʲo v pa'rʲatke |
| Non si preoccupi. | **Не беспокойтесь.**<br>ne bespa'kɔjtesʲ |

## Essere d'accordo

| | |
|---|---|
| Sì. | **Да.**<br>da |
| Sì, certo. | **Да, конечно.**<br>da, ka'nɛʃnə |
| Bene. | **Хорошо!**<br>hara'ʃo! |
| Molto bene. | **Очень хорошо.**<br>'ɔtʃenʲ hara'ʃo |
| Certamente! | **Конечно!**<br>ka'nɛʃnə! |
| Sono d'accordo. | **Я согласен /согласна/.**<br>ja sag'lasen /sag'lasna/ |
| Esatto. | **Верно.**<br>'wernə |
| Giusto. | **Правильно.**<br>'prawilʲnə |
| Ha ragione. | **Вы правы.**<br>vɪ 'pravɪ |
| È lo stesso. | **Я не возражаю.**<br>ja ne vazra'ʒaʲʉ |
| È assolutamente corretto. | **Совершенно верно.**<br>sawer'ʃɛnnə 'wernə |
| È possibile. | **Это возможно.**<br>'ɛtə vaz'mɔʒnə |
| È una buona idea. | **Это хорошая мысль.**<br>ɛtə ha'rɔʃeja mɪslʲ |
| Non posso dire di no. | **Не могу отказать.**<br>ne ma'gʊ atka'zatʲ |
| Ne sarei lieto /lieta/. | **Буду рад /рада/.**<br>bʊdʊ rad /'rada/ |
| Con piacere. | **С удовольствием.**<br>s uda'vɔlʲstwiem |

## Diniego. Esprimere incertezza

No.
**Нет.**
net

Sicuramente no.
**Конечно нет.**
ka'neʃnə net

Non sono d'accordo.
**Я не согласен /не согласна/.**
ja ne sag'lasen /ne sag'lasna/

Non penso.
**Я так не думаю.**
ja tak ne 'dʊmaʲʉ

Non è vero.
**Это неправда.**
'ɛtə nep'ravda

Si sbaglia.
**Вы неправы.**
vɪ nep'ravɪ

Penso che lei si stia sbagliando.
**Я думаю, что вы неправы.**
ja 'dʊmaʲʉ, ʃtɔ vɪ nep'ravɪ

Non sono sicuro.
**Не уверен /не уверена/.**
ne u'veren /ne u'verena/

È impossibile.
**Это невозможно.**
'ɛtə nevaz'mɔʒnə

Assolutamente no!
**Ничего подобного!**
nitʃe'vɔ pa'dɔbnəvə!

Esattamente il contrario!
**Наоборот!**
naaba'rɔt!

Sono contro.
**Я против.**
ja 'prɔtiv

Non m'interessa.
**Мне всё равно.**
mne vsʲo rav'nɔ

Non ne ho idea.
**Понятия не имею.**
pa'ɲatija ne i'meʲʉ

Dubito che sia così.
**Сомневаюсь, что это так.**
samne'vaʲʉsʲ, ʃtɔ 'ɛtə tak

Mi dispiace, non posso.
**Извините, я не могу.**
izwi'nite, ja ne ma'gʊ

Mi dispiace, non voglio.
**Извините, я не хочу.**
izwi'nite, ja ne ha'ʧu

Non ne ho bisogno, grazie.
**Спасибо, мне это не нужно.**
spa'sibə, mne 'ɛtə ne 'nʊʒnə

È già tardi.
**Уже поздно.**
u'ʒɛ 'pɔzdnə

Devo alzarmi presto.

**Мне рано вставать.**
mne 'ranə vsta'vatʲ

Non mi sento bene.

**Я плохо себя чувствую.**
ja 'plɔhə se'bʲa 'tʃustvʊʲʉ

## Esprimere gratitude

Grazie. | **Спасибо.**
spa'sibə

Grazie mille. | **Спасибо большое.**
spa'sibə bal'ʃəe

Le sono riconoscente. | **Очень признателен /признательна/.**
ɔʧenʲ priz'natelen /priz'natelʲna/

Le sono davvero grato. | **Я вам благодарен /благодарна/.**
ja vam blaga'daren /blaga'darna/

Le siamo davvero grati. | **Мы Вам благодарны.**
mı vam blaga'darnı

---

Grazie per la sua disponibilità. | **Спасибо, что потратили время.**
spa'sibə, ʃtɔ pat'ratili 'vremʲa

Grazie di tutto. | **Спасибо за всё.**
spa'sibə za 'vsʲo

Grazie per ... | **Спасибо за ...**
spa'sibə za ...

il suo aiuto | **вашу помощь**
vaʃʊ 'pɔmaɕ

il bellissimo tempo | **хорошее время**
ha'rɔʃəe 'vremʲa

---

il delizioso pranzo | **прекрасную еду**
pre'krasnʊʉ e'dʊ

la bella serata | **приятный вечер**
pri'jatnıj 'weʧer

la bella giornata | **замечательный день**
zami'ʧatelʲnıj denʲ

la splendida gita | **интересную экскурсию**
inte'resnʊʉ ɛks'kʊrsʲʉ

---

Non c'è di che. | **Не за что.**
ne za ʃtə

Prego. | **Не стоит благодарности.**
ne 'stɔit blaga'darnasti

Con piacere. | **Всегда пожалуйста.**
vseg'da pa'ʒaləsta

È stato un piacere. | **Был рад /Была рада/ помочь.**
bıl rad /bı'la 'rada/ pa'mɔʧ

Non ci pensi neanche. | **Забудьте. Всё в порядке.**
za'bʊtʲte. fsʲo f pɔ'rʲatke

Non si preoccupi. | **Не беспокойтесь.**
ne bespa'kɔjtesʲ

---

## Congratulazioni. Auguri

| | |
|---|---|
| Congratulazioni! | **Поздравляю!**<br>pazdrav'ʎaʲʉ! |
| Buon compleanno! | **С днём рождения!**<br>s 'dnʲom raʒ'denija! |
| Buon Natale! | **Весёлого рождества!**<br>we'sʲoləvə raʒdest'va! |
| Felice Anno Nuovo! | **С Новым годом!**<br>s 'nɔvɪm 'gɔdəm! |
| | |
| Buona Pasqua! | **Со Светлой Пасхой!**<br>sɔ 'swetlej 'pashəj! |
| Felice Hanukkah! | **Счастливой Хануки!**<br>ças'livəj 'hanʊki! |
| | |
| Vorrei fare un brindisi. | **У меня есть тост.**<br>u me'ɲa estʲ tɔst |
| Salute! | **За ваше здоровье!**<br>za 'vaʃə zda'rɔvje |
| Beviamo a …! | **Выпьем за … !**<br>'vɪpjem za … ! |
| Al nostro successo! | **За наш успех!**<br>za naʃ us'peh! |
| Al suo successo! | **За ваш успех!**<br>za vaʃ us'peh! |
| | |
| Buona fortuna! | **Удачи!**<br>u'datʃi! |
| Buona giornata! | **Приятного вам дня!**<br>pri'jatnəvə vam dɲa! |
| Buone vacanze! | **Хорошего вам отдыха!**<br>ha'rɔʃəvə vam 'ɔtdɪha! |
| Buon viaggio! | **Удачной поездки!**<br>u'datʃnəj pa'eztki! |
| Spero guarisca presto! | **Желаю вам скорого выздоровления!**<br>ʒe'laʲʉ vam 'skɔrəvə vɪzdarav'lenija! |

## Socializzare

| | |
|---|---|
| Perchè è triste? | **Почему вы расстроены?**<br>pat͡ʃe'mʊ vɪ rast'rɔɛnɪ? |
| Sorrida! | **Улыбнитесь!**<br>ʊlɪb'nitesʲ! |
| È libero stasera? | **Вы не заняты сегодня вечером?**<br>vɪ ne zaɲatɪ se'vɔdɲa 'wet͡ʃerəm? |
| Posso offrirle qualcosa da bere? | **Могу я предложить вам выпить?**<br>ma'gʊ ja predla'ʒitʲ vam 'vɪpitʲ? |
| Vuole ballare? | **Не хотите потанцевать?**<br>ne ha'tite patant͡se'vatʲ? |
| Andiamo al cinema. | **Может сходим в кино?**<br>'mɔʒet 'shɔdim v ki'nɔ? |
| Posso invitarla …? | **Могу я пригласить вас в …?**<br>ma'gʊ ja prigla'sitʲ vas v …? |
| al ristorante | **ресторан**<br>resta'ran |
| al cinema | **кино**<br>ki'nɔ |
| a teatro | **театр**<br>te'atr |
| a fare una passeggiata | **на прогулку**<br>na pra'gʊlkʊ |
| A che ora? | **Во сколько?**<br>va 'skɔlʲkə? |
| stasera | **сегодня вечером**<br>se'vɔdɲa 'wet͡ʃerəm |
| alle sei | **в 6 часов**<br>v ʃɛstʲ t͡ʃa'sɔf |
| alle sette | **в 7 часов**<br>v semʲ t͡ʃa'sɔf |
| alle otto | **в 8 часов**<br>v 'vɔsemʲ t͡ʃa'sɔf |
| alle nove | **в 9 часов**<br>v 'devʲatʲ t͡ʃa'sɔf |
| Le piace qui? | **Вам здесь нравится?**<br>vam zdesʲ 'nrawit͡sa? |
| È qui con qualcuno? | **Вы здесь с кем-то?**<br>vɪ zdesʲ s 'kem tə? |
| Sono con un amico /una amica/. | **Я с другом /подругой/.**<br>ja s 'drʊgəm /pad'rʊgəj/ |

Sono con i miei amici.
**Я с друзьями.**
ja s drʊ'zjʲami

No, sono da solo /sola/.
**Я один /одна/.**
ja a'din /ad'na/

Hai il ragazzo?
**У тебя есть приятель?**
u te'bʲa estʲ pri'jatelʲ?

Ho il ragazzo.
**У меня есть друг.**
u me'ɲa estʲ drʊk

Hai la ragazza?
**У тебя есть подружка?**
u te'bʲa estʲ pad'rʊʃka?

Ho la ragazza.
**У меня есть девушка.**
u me'ɲa estʲ 'devʊʃka

Posso rivederti?
**Мы еще встретимся?**
mɪ e'ɕo vst'retimsʲa?

Posso chiamarti?
**Можно я тебе позвоню?**
mɔʒnə ja te'be pazva'nʲʉ?

Chiamami.
**Позвони мне.**
pazva'ni mne

Qual'è il tuo numero?
**Какой у тебя номер?**
ka'kɔj u te'bʲa 'nɔmer?

Mi manchi.
**Я скучаю по тебе.**
ja skʊ'tʃaʲʉ pa te'be

Ha un bel nome.
**У вас очень красивое имя.**
u vas 'ɔtʃenʲ kra'sivae 'imʲa

Ti amo.
**Я тебя люблю.**
ja te'bʲa lʲʉb'lʲʉ

Mi vuoi sposare?
**Выходи за меня.**
vɪha'di za me'ɲa

Sta scherzando!
**Вы шутите!**
vɪ 'ʃutite!

Sto scherzando.
**Я просто шучу.**
ja 'prɔstə ʃʊ'tʃu

Lo dice sul serio?
**Вы серьезно?**
vɪ se'rjoznə?

Sono serio.
**Я серьёзно.**
ja se'rjʲoznə

Davvero?!
**Правда?!**
'pravda?!

È incredibile!
**Это невероятно!**
'ɛtə newera'jatnə

Non le credo.
**Я вам не верю.**
ja vam ne 'werʲʉ

Non posso.
**Я не могу.**
ja ne ma'gʊ

No so.
**Я не знаю.**
ja ne 'znaʲʉ

Non la capisco.
**Я вас не понимаю.**
ja vas ne pani'maʲʉ

Per favore, vada via.

**Уйдите, пожалуйста.**
uj'dite, pa'ʒaləstə

Mi lasci in pace!

**Оставьте меня в покое!**
as'tavʲte meˈɲa v paˈkɔe!

Non lo sopporto.

**Я его не выношу.**
ja eˈgɔ ne vɪnaˈʃʋ

Lei è disgustoso!

**Вы отвратительны!**
vɪ atvraˈtitelʲnɪ!

Chiamo la polizia!

**Я вызову полицию!**
ja ˈvɪzavʋ paˈliʦiʲʋ!

## Comunicare impressioni ed emozioni

| | |
|---|---|
| Mi piace. | **Мне это нравится.**<br>mne 'ɛtə 'nrawiʦa |
| Molto carino. | **Очень мило.**<br>'ɔʧenʲ 'milə |
| È formidabile! | **Это здорово!**<br>'ɛtə 'zdɔrɔvə! |
| Non è male. | **Это неплохо.**<br>'ɛtə nep'lɔhə |

| | |
|---|---|
| Non mi piace. | **Мне это не нравится.**<br>mne 'ɛtə ne 'nrawiʦa |
| Non è buono. | **Это нехорошо.**<br>'ɛtə nehara'ʃɔ |
| È cattivo. | **Это плохо.**<br>'ɛtə 'plɔhə |
| È molto cattivo. | **Это очень плохо.**<br>'ɛtə 'ɔʧenʲ 'plɔhə |
| È disgustoso. | **Это отвратительно.**<br>'ɛtə atvra'titelʲnə |

| | |
|---|---|
| Sono felice. | **Я счастлив /счастлива/.**<br>ja 'ɕʲasliv /'ɕʲasliva/ |
| Sono contento /contenta/. | **Я доволен /довольна/.**<br>ja da'vɔlen /da'vɔlʲna/ |
| Sono innamorato /innamorata/. | **Я влюблён /влюблена/.**<br>ja vlʲub'lʲon /vlʲuble'na/ |
| Sono calmo. | **Я спокоен /спокойна/.**<br>ja spa'kɔen /spa'kɔjna/ |
| Sono annoiato. | **Мне скучно.**<br>mne 'skuʃnə |

| | |
|---|---|
| Sono stanco /stanca/. | **Я устал /устала/.**<br>ja us'tal /us'tala/ |
| Sono triste. | **Мне грустно.**<br>mne 'grusnə |
| Sono spaventato. | **Я напуган /напугана/.**<br>ja na'pugan /na'pugana/ |
| Sono arrabbiato /arrabiata/. | **Я злюсь.**<br>ja zlʲusʲ |
| Sono preoccupato /preoccupata/. | **Я волнуюсь.**<br>ja val'nujusʲ |
| Sono nervoso /nervosa/. | **Я нервничаю.**<br>ja 'nervniʧaʲu |

Sono geloso /gelosa/.

**Я завидую.**
ja za'widuʲʉ

Sono sorpreso /sorpresa/.

**Я удивлён /удивлена/.**
ja udiv'lʲon /udivle'na/

Sono perplesso.

**Я озадачен /озадачена/.**
ja aza'datʃen /aza'datʃena/

## Problemi. Incidenti

| | |
|---|---|
| Ho un problema. | **У меня проблема.**<br>u me'ɲa prab'lema |
| Abbiamo un problema. | **У нас проблема.**<br>u nas prab'lema |
| Sono perso /persa/. | **Я заблудился /заблудилась/.**<br>ja zablu'dilsʲa /zablu'dilasʲ/ |
| Ho perso l'ultimo autobus (treno). | **Я опоздал на последний**<br>**автобус (поезд).**<br>ja apaz'dal na pas'lednij<br>aft'ɔbʊs ('pɔest) |
| Non ho più soldi. | **У меня совсем не осталось денег.**<br>u me'ɲa sav'sem ne as'taləsʲ 'denek |
| Ho perso … | **Я потерял /потеряла/ …**<br>ja pate'rʲal /pate'rʲala/ … |
| Mi hanno rubato … | **У меня украли …**<br>u me'ɲa uk'rali … |
| il passaporto | **паспорт**<br>'paspərt |
| il portafoglio | **бумажник**<br>bʊ'maʒnik |
| i documenti | **документы**<br>dakʊ'mentı |
| il biglietto | **билет**<br>bi'let |
| i soldi | **деньги**<br>'denʲgi |
| la borsa | **сумку**<br>'sʊmkʊ |
| la macchina fotografica | **фотоаппарат**<br>'fɔta apa'rat |
| il computer portatile | **ноутбук**<br>nɔut'bʊk |
| il tablet | **планшет**<br>plan'ʃət |
| il telefono cellulare | **телефон**<br>tele'fɔn |
| Aiuto! | **Помогите!**<br>pama'gite |
| Che cosa è successo? | **Что случилось?**<br>ʃtɔ slu'tʃiləsʲ? |

| | |
|---|---|
| fuoco | **пожар**<br>pa'ʒar |
| sparatoria | **стрельба**<br>strelʲ'ba |
| omicidio | **убийство**<br>u'bijstvə |
| esplosione | **взрыв**<br>vzrıv |
| rissa | **драка**<br>'draka |

| | |
|---|---|
| Chiamate la polizia! | **Вызовите полицию!**<br>'vızawite pa'litsiʲʉ! |
| Per favore, faccia presto! | **Пожалуйста, быстрее!**<br>pa'ʒaləstə, bıst'ree! |
| Sto cercando la stazione di polizia. | **Я ищу полицейский участок.**<br>ja i'ɕu paliʲtsɛjskij u'tʃastək |
| Devo fare una telefonata. | **Мне нужно позвонить.**<br>mne 'nuʒnə pazva'nitʲ |
| Posso usare il suo telefono? | **Могу я позвонить?**<br>ma'gʊ ja pazva'nitʲ? |

| | |
|---|---|
| Sono stato /stata/ ... | **Меня ...**<br>mi'ɲa ... |
| aggredito /aggredita/ | **ограбили**<br>ag'rabili |
| derubato /derubata/ | **обокрали**<br>abak'rali |
| violentata | **изнасиловали**<br>izna'siləvali |
| assalito /assalita/ | **избили**<br>iz'bili |

| | |
|---|---|
| Lei sta bene? | **С вами все в порядке?**<br>s 'vami vsʲo v pa'rʲatke? |
| Ha visto chi è stato? | **Вы видели, кто это был?**<br>vı 'wideli, ktɔ 'ɛtə bıl? |
| È in grado di riconoscere la persona? | **Вы сможете его узнать?**<br>vı s'mɔʒete e'vɔ uz'natʲ? |
| È sicuro? | **Вы точно уверены?**<br>vı 'tɔtʃnə u'werenı? |

| | |
|---|---|
| Per favore, si calmi. | **Пожалуйста, успокойтесь.**<br>pa'ʒaləstə, uspa'kɔjtesʲ |
| Si calmi! | **Спокойнее!**<br>spa'kɔjnee! |
| Non si preoccupi. | **Не беспокойтесь.**<br>ne bespa'kɔjtesʲ |
| Andrà tutto bene. | **Всё будет хорошо.**<br>vsʲo 'bʊdet hara'ʃɔ |
| Va tutto bene. | **Всё в порядке.**<br>vsʲo v pa'rʲatke |

Venga qui, per favore.

**Подойдите, пожалуйста.**
padaj'dite, pa'ʒalǝstǝ

Devo porle qualche domanda.

**У меня к вам несколько вопросов.**
u me'ɲa k vam 'neskalʲkǝ vap'rɔsǝf

Aspetti un momento, per favore.

**Подождите, пожалуйста.**
padaʒ'dite, pa'ʒalǝstǝ

Ha un documento d'identità?

**У вас есть документы?**
u vas estʲ dakʊ'mentɪ?

Grazie. Può andare ora.

**Спасибо. Вы можете идти.**
spa'sibǝ. vɪ 'mɔʒɛte it'ti

Mani dietro la testa!

**Руки за голову!**
'rʊki 'zagalavʊ!

È in arresto!

**Вы арестованы!**
vɪ ares'tɔvanɪ!

## Problemi di salute

| | |
|---|---|
| Mi può aiutare, per favore. | **Помогите, пожалуйста.**<br>pama'gite, pa'ʒaləstə |
| Non mi sento bene. | **Мне плохо.**<br>mne 'plɔhə |
| Mio marito non si sente bene. | **Моему мужу плохо.**<br>mae'mʊ 'mʊʒu 'plɔhə |
| Mio figlio ... | **Моему сыну ...**<br>mae'mʊ 'sɪnʊ ... |
| Mio padre ... | **Моему отцу ...**<br>mae'mʊ at'tsu ... |
| Mia moglie non si sente bene. | **Моей жене плохо.**<br>ma'ej ʒɛne 'plɔhə |
| Mia figlia ... | **Моей дочери ...**<br>ma'ej 'dɔtʃeri ... |
| Mia madre ... | **Моей матери ...**<br>ma'ej 'materi ... |
| Ho mal di ... | **У меня болит ...**<br>u me'ɲa ba'lit ... |
| testa | **голова**<br>gala'va |
| gola | **горло**<br>'gɔrlə |
| pancia | **живот**<br>ʒɪ'vɔt |
| denti | **зуб**<br>zup |
| Mi gira la testa. | **У меня кружится голова.**<br>u me'ɲa krʊʒɪtsa gala'va |
| Ha la febbre. (m) | **У него температура.**<br>u ne'vɔ tempera'tʊra |
| Ha la febbre. (f) | **У неё температура.**<br>u neʲo tempera'tʊra |
| Non riesco a respirare. | **Я не могу дышать.**<br>ja ne ma'gʊ dɪ'ʃʌtʲ |
| Mi manca il respiro. | **Я задыхаюсь.**<br>ja zadɪ'haʲʊsʲ |
| Sono asmatico. | **Я астматик.**<br>ja ast'matik |
| Sono diabetico /diabetica/. | **Я диабетик.**<br>ja dia'betik |

| | |
|---|---|
| Soffro d'insonnia. | **У меня бессонница.**<br>u me'ɲa bes'sɔnit͡sa |
| intossicazione alimentare | **пищевое отравление**<br>piɕe'vɔe atrav'lenie |

| | |
|---|---|
| Fa male qui. | **Болит вот здесь.**<br>ba'lit vɔt zdesʲ |
| Mi aiuti! | **Помогите!**<br>pama'gite! |
| Sono qui! | **Я здесь!**<br>ja zdesʲ! |
| Siamo qui! | **Мы здесь!**<br>mɪ zdesʲ! |
| Mi tiri fuori di qui! | **Вытащите меня!**<br>'vɪtaɕite me'ɲa! |
| Ho bisogno di un dottore. | **Мне нужен врач.**<br>mne 'nuʒən vrat͡ʃ |
| Non riesco a muovermi. | **Я не могу двигаться.**<br>ja ne ma'gu 'dvigat͡sa |
| Non riesco a muovere le gambe. | **Я не чувствую ног.**<br>ja ne 't͡ʃustvuʲu nɔk |

| | |
|---|---|
| Ho una ferita. | **Я ранен /ранена/.**<br>ja 'ranen /'ranena/ |
| È grave? | **Это серьезно?**<br>'ɛtə se'rʲiɔznə? |
| I miei documenti sono in tasca. | **Мои документы в кармане.**<br>ma'i daku'mentɪ v kar'mane |
| Si calmi! | **Успокойтесь!**<br>uspa'kɔjtesʲ! |
| Posso usare il suo telefono? | **Могу я позвонить?**<br>ma'gu ja pazva'nitʲ? |

| | |
|---|---|
| Chiamate l'ambulanza! | **Вызовите скорую!**<br>vɪzawite 'skɔruʲu! |
| È urgente! | **Это срочно!**<br>'ɛtə 'srɔt͡ʃnə! |
| È un'emergenza! | **Это очень срочно!**<br>'ɛtə 'ɔt͡ʃenʲ 'srɔt͡ʃnə! |
| Per favore, faccia presto! | **Пожалуйста, быстрее!**<br>pa'ʒaləstə, bɪst'ree! |
| Per favore, chiamate un medico. | **Вызовите врача, пожалуйста.**<br>vɪzawite vra't͡ʃa, pa'ʒaləstə |
| Dov'è l'ospedale? | **Скажите, где больница?**<br>ska'ʒite, gde balʲ'nit͡sa? |

| | |
|---|---|
| Come si sente? | **Как вы себя чувствуете?**<br>kak vɪ se'bʲa 't͡ʃustvuete? |
| Sta bene? | **С вами все в порядке?**<br>s 'vami vsʲo v pa'rʲatke? |
| Che cosa è successo? | **Что случилось?**<br>ʃtɔ slu't͡ʃiləsʲ? |

| | |
|---|---|
| Mi sento meglio ora. | **Мне уже лучше.**<br>mne uˈʒe ˈlutʃɛ |
| Va bene. | **Всё в порядке.**<br>vsʲo v paˈrʲatke |
| Va tutto bene. | **Всё хорошо.**<br>vsʲo haraˈʃɔ |

## In farmacia

| | |
|---|---|
| farmacia | **Аптека**<br>ap'teka |
| farmacia di turno | **круглосуточная аптека**<br>krʊgla'sʊtətʃnəja ap'teka |
| Dov'è la farmacia più vicina? | **Где ближайшая аптека?**<br>gde bli'ʒajʃəja ap'teka? |
| È aperta a quest'ora? | **Она сейчас открыта?**<br>a'na se'tʃas atk'rɪta? |
| A che ora apre? | **Во сколько она открывается?**<br>va 'skolˈkə a'na atkrɪ'vaeʦa? |
| A che ora chiude? | **До которого часа она работает?**<br>dɔ ka'tɔrəvə 'tʃasa a'na ra'botaet? |
| È lontana? | **Это далеко?**<br>'ɛtə dale'kɔ? |
| Posso andarci a piedi? | **Я дойду туда пешком?**<br>ja daj'dʊ tʊ'da peʃ'kɔm? |
| Può mostrarmi sulla piantina? | **Покажите мне на карте, пожалуйста.**<br>paka'ʒite mne na 'karte, pa'ʒaləstə |
| Per favore, può darmi qualcosa per … | **Дайте мне, что-нибудь от …**<br>'dajte mne, ʃtɔ niˈbʊtˈ ɔt … |
| il mal di testa | **головной боли**<br>galav'nɔj 'bɔli |
| la tosse | **кашля**<br>'kaʃʎa |
| il raffreddore | **простуды**<br>pras'tʊdɪ |
| l'influenza | **гриппа**<br>'gripa |
| la febbre | **температуры**<br>tempera'tʊrɪ |
| il mal di stomaco | **боли в желудке**<br>'bɔli v ʒi'lutke |
| la nausea | **тошноты**<br>taʃna'tɪ |
| la diarrea | **диареи**<br>dia'rei |
| la costipazione | **запора**<br>za'pɔra |
| mal di schiena | **боль в спине**<br>bɔlˈ v spi'ne |

| | |
|---|---|
| dolore al petto | **боль в груди**<br>'bolʲ v grʊ'di |
| fitte al fianco | **боль в боку**<br>bolʲ v ba'kʊ |
| dolori addominali | **боль в животе**<br>'bolʲ v ʒiva'te |

| | |
|---|---|
| pastiglia | **таблетка**<br>tab'letka |
| pomata | **мазь, крем**<br>mazʲ, krem |
| sciroppo | **сироп**<br>si'rɔp |
| spray | **спрей**<br>sprɛj |
| gocce | **капли**<br>'kapli |

| | |
|---|---|
| Deve andare in ospedale. | **Вам нужно в больницу.**<br>vam 'nʊʒnə v balʲ'niʦu |
| assicurazione sanitaria | **страховка**<br>stra'hɔvka |
| prescrizione | **рецепт**<br>re'ʦept |
| insettifugo | **средство от насекомых**<br>'sredstvə at nase'kɔmɪh |
| cerotto | **лейкопластырь**<br>lejkə'plastɪrʲ |

## Il minimo indispensabile

| | |
|---|---|
| Mi scusi, … | **Извините, …**<br>izwi'nite, … |
| Buongiorno. | **Здравствуйте.**<br>'zdrastvujte |
| Grazie. | **Спасибо.**<br>spa'sibə |
| Arrivederci. | **До свидания.**<br>da swi'danija |
| Sì. | **Да.**<br>da |
| No. | **Нет.**<br>net |
| Non lo so. | **Я не знаю.**<br>ja ne 'znaʲʉ |
| Dove? | Dove? (~ stai andando?) | Quando? | **Где? | Куда? | Когда?**<br>gde? | kʉ'da? | kag'da? |
| Ho bisogno di … | **Мне нужен …**<br>mne 'nʊʒən … |
| Voglio … | **Я хочу …**<br>ja ha'tʲu … |
| Avete …? | **У вас есть …?**<br>u vas estʲ …? |
| C'è un /una/ … qui? | **Здесь есть …?**<br>zdesʲ estʲ …? |
| Posso …? | **Я могу …?**<br>ja ma'gʊ …? |
| per favore | **пожалуйста**<br>pa'ʒaləstə |
| Sto cercando … | **Я ищу …**<br>ja i'ɕu … |
| il bagno | **туалет**<br>tʊa'let |
| un bancomat | **банкомат**<br>banka'mat |
| una farmacia | **аптеку**<br>ap'tekʊ |
| un ospedale | **больницу**<br>balʲ'nitsu |
| la stazione di polizia | **полицейский участок**<br>pali'tsɛjskij u'tʃastək |
| la metro | **метро**<br>met'rɔ |

| | |
|---|---|
| un taxi | **такси**<br>tak'si |
| la stazione (ferroviaria) | **вокзал**<br>vak'zal |

| | |
|---|---|
| Mi chiamo ... | **Меня зовут ...**<br>mi'ɲa za'vʊt ... |
| Come si chiama? | **Как вас зовут?**<br>kak vas za'vʊt? |
| Mi può aiutare, per favore? | **Помогите мне, пожалуйста.**<br>pama'gite mne, pa'ʒaləstə |
| Ho un problema. | **У меня проблема.**<br>u me'ɲa prab'lema |
| Mi sento male. | **Мне плохо.**<br>mne 'plɔhə |
| Chiamate l'ambulanza! | **Вызовите скорую!**<br>vɪzawite 'skɔrʊʲʉ! |
| Posso fare una telefonata? | **Могу я позвонить?**<br>ma'gʊ ja pazva'nitʲ? |

| | |
|---|---|
| Mi dispiace. | **Извините.**<br>izwi'nite |
| Prego. | **Пожалуйста.**<br>pa'ʒaləstə |

| | |
|---|---|
| io | **я**<br>ja |
| tu | **ты**<br>tɪ |
| lui | **он**<br>ɔn |
| lei | **она**<br>a'na |
| loro (m) | **они**<br>a'ni |
| loro (f) | **они**<br>a'ni |
| noi | **мы**<br>mɪ |
| voi | **вы**<br>vɪ |
| Lei | **Вы**<br>vɪ |

| | |
|---|---|
| ENTRATA | **ВХОД**<br>vhɔt |
| USCITA | **ВЫХОД**<br>'vɪhət |
| FUORI SERVIZIO | **НЕ РАБОТАЕТ**<br>ne ra'bɔtaet |
| CHIUSO | **ЗАКРЫТО**<br>zak'rɪtə |

APERTO

**ОТКРЫТО**
atk'rɪtə

DONNE

**ДЛЯ ЖЕНЩИН**
dʎa 'ʒɛnɕin

UOMINI

**ДЛЯ МУЖЧИН**
dʎa mʊ'ɕin

T&P BOOKS

# MINI DIZIONARIO

Questa sezione contiene
250 termini utili nelle
conversazioni di tutti i giorni.
Potrete Trovare i nomi dei
mesi e dei giorni della
settimana.
Inoltre, il dizionario contiene
diversi argomenti come:
i colori, le unità di misura,
la famiglia e molto altro

T&P Books Publishing

# INDICE DEL DIZIONARIO

T&P Books Publishing

# 1. Orario. Calendario

| | | |
|---|---|---|
| tempo (m) | время (с) | [vʲremʲa] |
| ora (f) | час (м) | [tʃas] |
| mezzora (f) | полчаса (мн) | [paltʃeˈsa] |
| minuto (m) | минута (ж) | [miˈnutə] |
| secondo (m) | секунда (ж) | [siˈkundə] |
| | | |
| oggi (avv) | сегодня | [siˈvɔdɲa] |
| domani | завтра | [ˈzaftrə] |
| ieri (avv) | вчера | [ftʃiˈra] |
| | | |
| lunedì (m) | понедельник (м) | [paniˈdeʎnik] |
| martedì (m) | вторник (м) | [fˈtɔrnik] |
| mercoledì (m) | среда (ж) | [sreˈda] |
| giovedì (m) | четверг (м) | [tʃitˈwerk] |
| venerdì (m) | пятница (ж) | [ˈpʲatnitsə] |
| sabato (m) | суббота (ж) | [suˈbotə] |
| domenica (f) | воскресенье (с) | [vaskriˈseɲje] |
| | | |
| giorno (m) | день (м) | [deɲ] |
| giorno (m) lavorativo | рабочий день (м) | [raˈbɔtʃij deɲ] |
| giorno (m) festivo | празник (м) | [pˈraznik] |
| fine (m) settimana | выходные (мн) | [vɪhadˈnɪe] |
| | | |
| settimana (f) | неделя (ж) | [niˈdeʎa] |
| la settimana scorsa | на прошлой неделе | [na pˈroʃlaj niˈdele] |
| la settimana prossima | на следующей неделе | [na sleˈduɕej niˈdele] |
| | | |
| di mattina | утром | [ˈutram] |
| nel pomeriggio | после обеда | [ˈposle aˈbedə] |
| | | |
| di sera | вечером | [ˈwetʃeram] |
| stasera | сегодня вечером | [siˈvɔdɲa ˈwetʃeram] |
| | | |
| di notte | ночью | [ˈnɔtʃjy] |
| mezzanotte (f) | полночь (ж) | [ˈpɔlnatʃ] |
| | | |
| gennaio (m) | январь (м) | [enˈvarʲ] |
| febbraio (m) | февраль (м) | [fivˈraʎ] |
| marzo (m) | март (м) | [mart] |
| aprile (m) | апрель (м) | [apˈreʎ] |
| maggio (m) | май (м) | [maj] |
| giugno (m) | июнь (м) | [iˈjuɲ] |
| | | |
| luglio (m) | июль (м) | [iˈjuʎ] |
| agosto (m) | август (м) | [ˈavgust] |

| | | |
|---|---|---|
| settembre (m) | **сентябрь** (м) | [sin't<sup>j</sup>abr<sup>j</sup>] |
| ottobre (m) | **октябрь** (м) | [ak't<sup>j</sup>abr<sup>j</sup>] |
| novembre (m) | **ноябрь** (м) | [na'jabr<sup>j</sup>] |
| dicembre (m) | **декабрь** (м) | [di'kabr<sup>j</sup>] |
| | | |
| in primavera | **весной** | [wis'nɔj] |
| in estate | **летом** | ['letam] |
| in autunno | **осенью** | ['ɔseɲjy] |
| in inverno | **зимой** | [zi'mɔj] |
| | | |
| mese (m) | **месяц** (м) | ['mesits] |
| stagione (f) (estate, ecc.) | **сезон** (м) | [si'zɔn] |
| anno (m) | **год** (м) | [gɔt] |

## 2. Numeri. Numerali

| | | |
|---|---|---|
| zero (m) | **ноль** | [nɔʎ] |
| uno | **один** | [a'din] |
| due | **два** | [dvə] |
| tre | **три** | [tri] |
| quattro | **четыре** | [ʧi'tɪre] |
| | | |
| cinque | **пять** | [p<sup>j</sup>at<sup>j</sup>] |
| sei | **шесть** | [ʃəst<sup>j</sup>] |
| sette | **семь** | [sem<sup>j</sup>] |
| otto | **восемь** | ['vɔsem<sup>j</sup>] |
| nove | **девять** | ['dewit<sup>j</sup>] |
| dieci | **десять** | ['desit<sup>j</sup>] |
| | | |
| undici | **одиннадцать** | [a'dinatsat<sup>j</sup>] |
| dodici | **двенадцать** | [dwi'natsat<sup>j</sup>] |
| tredici | **тринадцать** | [tri'natsat<sup>j</sup>] |
| quattordici | **четырнадцать** | [ʧi'tɪrnatsat<sup>j</sup>] |
| quindici | **пятнадцать** | [pit'natsat<sup>j</sup>] |
| | | |
| sedici | **шестнадцать** | [ʃɛs'natsat<sup>j</sup>] |
| diciassette | **семнадцать** | [sim'natsat<sup>j</sup>] |
| diciotto | **восемнадцать** | [vasem'natsat<sup>j</sup>] |
| diciannove | **девятнадцать** | [diwit'natsat<sup>j</sup>] |
| | | |
| venti | **двадцать** | [d'vatsat<sup>j</sup>] |
| trenta | **тридцать** | [t'ritsat<sup>j</sup>] |
| quaranta | **сорок** | ['sɔrak] |
| cinquanta | **пятьдесят** | [pit<sup>j</sup>di's<sup>j</sup>at] |
| | | |
| sessanta | **шестьдесят** | [ʃist<sup>j</sup>di's<sup>j</sup>at] |
| settanta | **семьдесят** | ['sem<sup>j</sup>disit] |
| ottanta | **восемьдесят** | ['vɔsem<sup>j</sup>disit] |
| novanta | **девяносто** | [diwi'nɔstə] |
| cento | **сто** | [stɔ] |

| duecento | двести | [d'westi] |
| trecento | триста | [t'ristə] |
| quattrocento | четыреста | [tʃi'tɪrestə] |
| cinquecento | пятьсот | [pi'tsot] |
| seicento | шестьсот | [ʃɛs'sot] |
| settecento | семьсот | [simʲ'sot] |
| ottocento | восемьсот | [vasemʲ'sot] |
| novecento | девятьсот | [diwi'tsot] |
| mille | тысяча | ['tɪsitʃe] |
| diecimila | десять тысяч | ['desitʲ 'tɪsitʃ] |
| centomila | сто тысяч | [sto 'tɪsitʃ] |
| milione (m) | миллион (м) | [mili'ɔn] |
| miliardo (m) | миллиард (м) | [mili'art] |

## 3. L'uomo. Membri della famiglia

| uomo (m) (adulto maschio) | мужчина (м) | [mu'ɕinə] |
| giovane (m) | юноша (м) | ['junɑʃə] |
| donna (f) | женщина (ж) | ['ʒɛɲɕinə] |
| ragazza (f) | девушка (ж) | ['devuʃkə] |
| vecchio (m) | старик (м) | [sta'rik] |
| vecchia (f) | старая женщина (ж) | [s'tarɑjɑ 'ʒɛɲɕinə] |
| madre (f) | мать (ж) | [matʲ] |
| padre (m) | отец (м) | [a'tets] |
| figlio (m) | сын (м) | [sɪn] |
| figlia (f) | дочь (ж) | [dotʃ] |
| fratello (m) | брат (м) | [brat] |
| sorella (f) | сестра (ж) | [sist'ra] |
| genitori (m pl) | родители (мн) | [ra'diteli] |
| bambino (m) | ребёнок (м) | [ri'bɔnɑk] |
| bambini (m pl) | дети (мн) | ['deti] |
| matrigna (f) | мачеха (ж) | ['matʃehə] |
| patrigno (m) | отчим (м) | ['ɔtʃim] |
| nonna (f) | бабушка (ж) | ['bɑbuʃkə] |
| nonno (m) | дедушка (м) | ['deduʃkə] |
| nipote (m) (figlio di un figlio) | внук (м) | [vnuk] |
| nipote (f) | внучка (ж) | [v'nutʃkə] |
| nipoti (pl) | внуки (мн) | [v'nuki] |
| zio (m) | дядя (м) | ['dʲadʲa] |
| zia (f) | тётя (ж) | ['tɔtʲa] |
| nipote (m) (figlio di un fratello) | племянник (м) | [pli'mʲanik] |
| nipote (f) | племянница (ж) | [pli'mʲanitsə] |

| | | |
|---|---|---|
| moglie (f) | жена (ж) | [ʒɪ'na] |
| marito (m) | муж (м) | [muʃ] |
| sposato (agg) | женатый | [ʒɪ'natɪj] |
| sposata (agg) | замужняя | [za'muʒnija] |
| vedova (f) | вдова (ж) | [vda'va] |
| vedovo (m) | вдовец (м) | [vda'wets] |
| | | |
| nome (m) | имя (с) | ['imʲa] |
| cognome (m) | фамилия (ж) | [fa'milija] |
| | | |
| parente (m) | родственник (м) | ['rotstwenik] |
| amico (m) | друг (м) | [druk] |
| amicizia (f) | дружба (ж) | [d'ruʒbə] |
| | | |
| partner (m) | партнёр (м) | [part'nɜr] |
| capo (m), superiore (m) | начальник (м) | [na'tʃaʎnik] |
| collega (m) | коллега (м) | [ka'legə] |
| vicini (m pl) | соседи (мн) | [sa'sedi] |

## 4. Corpo umano. Anatomia

| | | |
|---|---|---|
| corpo (m) | тело (с) | ['telə] |
| cuore (m) | сердце (с) | ['sertsе] |
| sangue (m) | кровь (ж) | [krofʲ] |
| cervello (m) | мозг (м) | [mosk] |
| | | |
| osso (m) | кость (ж) | [kostʲ] |
| colonna (f) vertebrale | позвоночник (м) | [pazva'notʃnik] |
| costola (f) | ребро (с) | [rib'ro] |
| polmoni (m pl) | лёгкие (мн) | ['lɜɦkie] |
| pelle (f) | кожа (ж) | ['koʒə] |
| | | |
| testa (f) | голова (ж) | [gala'va] |
| viso (m) | лицо (с) | [li'tsо] |
| naso (m) | нос (м) | [nos] |
| fronte (f) | лоб (м) | [lop] |
| guancia (f) | щека (ж) | [ɕi'ka] |
| | | |
| bocca (f) | рот (м) | [rot] |
| lingua (f) | язык (м) | [ja'zɪk] |
| dente (m) | зуб (м) | [zup] |
| labbra (f pl) | губы (мн) | ['gubɪ] |
| mento (m) | подбородок (м) | [padba'rodak] |
| | | |
| orecchio (m) | ухо (с) | ['uhə] |
| collo (m) | шея (ж) | [ʃeja] |
| occhio (m) | глаз (м) | [glas] |
| pupilla (f) | зрачок (м) | [zra'tʃɔk] |
| sopracciglio (m) | бровь (ж) | [brofʲ] |
| ciglio (m) | ресница (ж) | [ris'nitsə] |

| | | |
|---|---|---|
| capelli (m pl) | волосы (мн) | ['vɔlɑsɪ] |
| pettinatura (f) | причёска (ж) | [pri'ʧɔskə] |
| baffi (m pl) | усы (м мн) | [u'sɪ] |
| barba (f) | борода (ж) | [bɑrɑ'dɑ] |
| portare (~ la barba, ecc.) | носить | [nɑ'sitʲ] |
| calvo (agg) | лысый | ['lɪsɪj] |
| | | |
| mano (f) | кисть (ж) | [kistʲ] |
| braccio (m) | рука (ж) | [rʊ'kɑ] |
| dito (m) | палец (м) | ['pɑleʦ] |
| unghia (f) | ноготь (м) | ['nɔgɑtʲ] |
| palmo (m) | ладонь (ж) | [lɑ'dɔɲ] |
| | | |
| spalla (f) | плечо (с) | [pli'ʧɔ] |
| gamba (f) | нога (ж) | [nɑ'gɑ] |
| ginocchio (m) | колено (с) | [kɑ'lenə] |
| tallone (m) | пятка (ж) | ['pʲatkə] |
| schiena (f) | спина (ж) | [spi'nɑ] |

## 5. Abbigliamento. Accessori personali

| | | |
|---|---|---|
| vestiti (m pl) | одежда (ж) | [ɑ'deʒdə] |
| cappotto (m) | пальто (с) | [pɑʎ'tɔ] |
| pelliccia (f) | шуба (ж) | ['ʃʊbə] |
| giubbotto (m), giaccha (f) | куртка (ж) | ['kʊrtkə] |
| impermeabile (m) | плащ (м) | [plɑɕ] |
| | | |
| camicia (f) | рубашка (ж) | [rʊ'bɑʃkə] |
| pantaloni (m pl) | брюки (мн) | [b'ryki] |
| giacca (f) (~ di tweed) | пиджак (м) | [pi'dʒɑk] |
| abito (m) da uomo | костюм (м) | [kɑs'tym] |
| | | |
| abito (m) | платье (с) | [p'lɑtje] |
| gonna (f) | юбка (ж) | ['jupkə] |
| maglietta (f) | футболка (ж) | [fʊd'bɔlkə] |
| accappatoio (m) | халат (м) | [hɑ'lɑt] |
| pigiama (m) | пижама (ж) | [pi'ʒɑmə] |
| tuta (f) da lavoro | рабочая одежда (ж) | [rɑ'bɔʧijɑ ɑ'deʒdə] |
| | | |
| biancheria (f) intima | бельё (с) | [bi'ʎjo] |
| calzini (m pl) | носки (мн) | [nɑs'ki] |
| reggiseno (m) | бюстгальтер (м) | [bys'gɑʎtɛr] |
| collant (m) | колготки (мн) | [kɑl'gɔtki] |
| calze (f pl) | чулки (мн) | [ʧul'ki] |
| costume (m) da bagno | купальник (м) | [kʊ'pɑʎnik] |
| | | |
| cappello (m) | шапка (ж) | ['ʃʌpkə] |
| calzature (f pl) | обувь (ж) | ['ɔbʊfʲ] |
| stivali (m pl) | сапоги (мн) | [sɑpɑ'gi] |
| tacco (m) | каблук (м) | [kɑb'luk] |

| laccio (m) | шнурок (м) | [ʃnʊˈrɔk] |
| lucido (m) per le scarpe | крем (м) для обуви | [krem dʎa ˈɔbʊwi] |

| guanti (m pl) | перчатки (ж мн) | [pirˈtʃatki] |
| manopole (f pl) | варежки (ж мн) | [ˈvariʃki] |
| sciarpa (f) | шарф (м) | [ʃʌrf] |
| occhiali (m pl) | очки (мн) | [atʃˈki] |
| ombrello (m) | зонт (м) | [zɔnt] |

| cravatta (f) | галстук (м) | [ˈɡalstʊk] |
| fazzoletto (m) | носовой платок (м) | [nasaˈvɔj plaˈtɔk] |
| pettine (m) | расчёска (ж) | [raˈɕɜskə] |
| spazzola (f) per capelli | щётка (ж) для волос | [ˈɕɜtka dʎa vaˈlɔs] |

| fibbia (f) | пряжка (ж) | [pˈrʲaʃkə] |
| cintura (f) | пояс (м) | [ˈpɔis] |
| borsetta (f) | сумочка (ж) | [ˈsʊmatʃkə] |

## 6. Casa. Appartamento

| appartamento (m) | квартира (ж) | [kvarˈtirə] |
| camera (f), stanza (f) | комната (ж) | [ˈkɔmnatə] |
| camera (f) da letto | спальня (ж) | [sˈpaʎna] |
| sala (f) da pranzo | столовая (ж) | [staˈlɔvaja] |

| salotto (m) | гостиная (ж) | [ɡasˈtinaja] |
| studio (m) | кабинет (м) | [kabiˈnet] |
| ingresso (m) | прихожая (ж) | [priˈhɔʒaja] |
| bagno (m) | ванная комната (ж) | [ˈvannaja ˈkɔmnatə] |
| gabinetto (m) | туалет (м) | [tʊaˈlet] |

| aspirapolvere (m) | пылесос (м) | [pɪleˈsɔs] |
| frettazzo (m) | швабра (ж) | [ʃˈvabrə] |
| strofinaccio (m) | тряпка (ж) | [tˈrʲapkə] |
| scopa (f) | веник (м) | [ˈwenik] |
| paletta (f) | совок (м) для мусора | [saˈvɔk dʎa ˈmʊsarə] |

| mobili (m pl) | мебель (ж) | [ˈmebeʎ] |
| tavolo (m) | стол (м) | [stɔl] |
| sedia (f) | стул (м) | [stʊl] |
| poltrona (f) | кресло (с) | [kˈreslə] |

| specchio (m) | зеркало (с) | [ˈzerkalə] |
| tappeto (m) | ковёр (м) | [kaˈwɜr] |
| camino (m) | камин (м) | [kaˈmin] |
| tende (f pl) | шторы (ж мн) | [ʃˈtɔrɪ] |
| lampada (f) da tavolo | настольная лампа (ж) | [nasˈtɔʎnaja ˈlampə] |
| lampadario (m) | люстра (ж) | [ˈlystrə] |
| cucina (f) | кухня (ж) | [ˈkʊhɲa] |
| fornello (m) a gas | газовая плита (ж) | [ˈɡazavaja pliˈta] |

| | | |
|---|---|---|
| fornello (m) elettrico | электроплита (ж) | [ɛlektrapli'ta] |
| forno (m) a microonde | микроволновая печь (ж) | [mikraval'nɔvaja petʃ] |
| | | |
| frigorifero (m) | холодильник (м) | [hala'diʌnik] |
| congelatore (m) | морозильник (м) | [mara'ziʌnik] |
| lavastoviglie (f) | посудомоечная машина (ж) | [pasʊda'mɔetʃnaja ma'ʃinə] |
| rubinetto (m) | кран (м) | [kran] |
| | | |
| tritacarne (m) | мясорубка (ж) | [misa'rʊpkə] |
| spremifrutta (m) | соковыжималка (ж) | [sɔkavɪʒɪ'malkə] |
| tostapane (m) | тостер (м) | ['tɔster] |
| mixer (m) | миксер (м) | ['mikser] |
| | | |
| macchina (f) da caffè | кофеварка (ж) | [kafe'varkə] |
| bollitore (m) | чайник (м) | ['tʃajnik] |
| teiera (f) | чайник (м) | ['tʃajnik] |
| | | |
| televisore (m) | телевизор (м) | [tile'wizar] |
| videoregistratore (m) | видеомагнитофон (м) | ['widea magnita'fɔn] |
| ferro (m) da stiro | утюг (м) | [u'tyk] |
| telefono (m) | телефон (м) | [tile'fɔn] |

www.ingramcontent.com/pod-product-compliance
Lightning Source LLC
Chambersburg PA
CBHW070838050426

42452CB00011B/2334